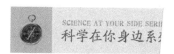

SCIENCE AT YOUR SIDE SERIE
科学在你身边系列

U0625149

盛文林文化◎编著

20世纪科学领域的
难解之谜

利用身边自然科学资源，培养学生科学创造能力。
以学生兴趣和内在需要为基础，
充分挖掘身边资源，
提高学生的综合素质能力。

延边大学出版社

图书在版编目（CIP）数据

20世纪科学领域的难解之谜 / 盛文林文化编著. —
延吉：延边大学出版社，2012.6（2021.4 重印）
（科学在你身边系列）
ISBN 978-7-5634-4919-4

Ⅰ．①2… Ⅱ．①盛… Ⅲ．①科学知识－普及读物
Ⅳ．① Z228

中国版本图书馆 CIP 数据核字（2012）第 124432 号

20世纪科学领域的难解之谜

编　　著：盛文林文化
责任编辑：李东哲
封面设计：映像视觉
出版发行：延边大学出版社
社　　址：吉林省延吉市公园路 977 号　邮编：133002
电　　话：0433-2732435 传真：0433-2732434
网　　址：http://www.ydcbs.com
印　　刷：三河市祥达印刷包装有限公司
开　　本：16K 155 毫米 × 220 毫米
印　　张：11 印张
字　　数：120 千字
版　　次：2012 年 6 月第 1 版
印　　次：2021 年 4 月第 3 次印刷
书　　号：ISBN 978-7-5634-4919-4
定　　价：36.00 元

前言

　　科学在促进社会进步和提高人类的生活水平方面，起着无可替代的作用。从猿人用钻木的方法取下了第一颗火种开始，科学就成为人类进步的阶梯。人类进入文明时代，科学无不伴随社会不断向前发展，如今，科学已成为人类开启一切神秘和未知之门的金钥匙，科学成为现代文明的标志，科学已成为全人类共同拥有的精神动力。所以，世界上无数的科学家为了追求科学的真谛，孜孜不倦地在科学的道路上漫漫求索着。正是因为他们的求索，许多过去看似遥不可及的科学知识变成了今天的常识。

　　然而，科学探索是无止境的，人类在攻克了一道科学难关之后，往往发现，眼前是更加广阔的未知世界。况且，相对于整个宇宙而言，人类还太年轻，力量还太弱小，所以，人类在目前的阶段无法将宇宙中所有的问题都研究明白。在科学的领域里，有着太多未解或难解的谜题，例如，宇宙是怎么起源的？黑洞是否存在？我们所在的空间到底是几维？宇宙将来会变成什么样子？金字塔拥有什么神秘的力量？植物到底是靠什么交流的？生命究竟是如何形成的，等等……太多太多的科学谜题考验着人类的智慧，也同样像磁石般吸引着我们好奇的目光，并刺激着我们探究其真相的强烈兴趣。

　　在过去的20世纪里，就有许多类似上述的谜题没有解开。科学家们把这些谜题留给了21世纪或者更远的将来。那么，是不是说人类永远无法解开这

些谜题了呢？不，人类完全有能力解开这些看似不可解的难题。因为我们已经掌握了解题的方法，那就是科学本身。只要我们用科学的方法来探索科学难题，这些今天的科学难题定会变成明天的科学常识。

就目前而言，人类的科技水平在神奇博大的自然和浩渺的宇宙面前，还显得单薄。许多20世纪提出的难题或20世纪未解开的谜题，我们今天仍然无法解开。

为了让广大青少年朋友了解这些20世纪留下来的难解之谜，我们组织编写了这本《20世纪的科学领域的难解之谜》，希望广大青少年朋友能用科学的眼光来看待这些科学难题，用科学的方法来思考这些科学难题。说不定在不久的将来，解开这些20世纪遗留下来的难题之人就是你！

目 录

费解的物理学之谜

CONTENTS目录

难解的天文学之谜

NANJIEDETIANWENXUEZHIMI

宇宙是如何起源的

宇宙是如何产生和演化的，自古至今有过很多说法。

1927年，比利时天文学家勒梅特提出一个十分有趣的理论，他认为：宇宙的物质和能量最初装在一个"宇宙蛋"内，今天的宇宙是这个不稳定的宇宙蛋灾难性的爆炸后膨胀的结果。1929年，美国天文学家哈勃测量星系的谱线之后，发现谱线与星系距离的定量关系。

乔治·爱德华·勒梅特

20世纪40年代，美籍俄国天体物理学家伽莫夫对勒梅特的理论十分赞赏，并把它称作"大爆炸理论"。伽莫夫对这一理论的研究，说明宇宙混沌之初的情景，并预言了对大爆炸遗迹观测应该对应着一个温度为5K（-268℃）的宇宙背景辐射。伽莫夫的理论太玄了，以致于没有人去认真地观测，以验证他的理论。

20世纪60年代，美国贝尔实验室中两名科学家在进行通信研究时，意外地发现了宇宙背景辐射的温度。经反复测量，这个温度约为3K左右。这对大爆炸理论当然是一个极其鼓舞人心的支持。

20世纪80年代，美国天体物理学家阿兰·古斯又对大爆炸理论进行修改，他引入粒子物理学的一些新理论，建立了暴胀理论。

尽管大爆炸理论是一个很好的理论，但是，能否在实验室内演示一下大爆炸的演变过程呢？这是一个很有趣的想法。20世纪80年代末，欧洲的一些科学家在巨大的正负电子对撞机上进行这个尝试。这台对撞机有一条长长的管道（约27千米）穿越瑞士和法国交界地区。实验的初步结果表明，150亿年前发生的大爆炸过程中，许多自然界不存在的且寿命极短

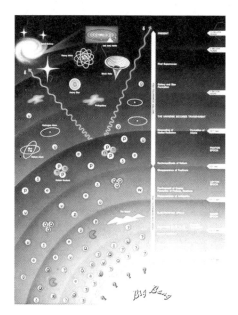

勒梅特认为宇宙是由大爆炸形成的

的粒子曾经诞生，并在极短时间内形成恒星和星系物质。

现在，大爆炸学说已得到三方面的支持：宇宙在膨胀着、氦元素丰度为30%和3K背景辐射。但这还不能说明该理论完全正确。美国国家科学院天文学调研委员会对大爆炸学说曾这样评价："现在已掌握的资料尚不精确，对它们的解释或许尚有问题，这个理论也许是错误的。"并指出进一步检验的必要。特别是宇宙起点前的样子、膨胀宇宙的结局和能否收缩等问题需进一步研究。

如今，20世纪已经过去了，但是宇宙起源之谜依然没有揭开。看来，要揭开这个谜底还需要科学家的不懈努力！

宇宙是如何演化的

在中国古代有盘古开天辟地的传说，后人又以演算为其附会之，即盘古花了"万八千岁"使"天去地九万里"。有意思的是，它采用了一种膨胀观点来描述天地产生的情景。

在西方，认为宇宙的膨胀或演化似乎是不可思议的。《圣经》上讲："一代消逝了，另外一代降临了，但地球是永恒的……过去是什么，将来还是什么；过去被做成什么样，将来还是什么样。世界上没有任何新的东西。"这种思想对西方的影响可谓至深、至远。

说它的影响深远，是不夸张的，就连爱因斯坦也未能例外。爱因斯坦在发表广义相对论之后，同荷兰物理学家德西特把它应用到宇宙上。研究结果表明，宇宙是动荡不止的，要么膨胀、要么收缩。为此，爱因斯坦修改了理论，使宇宙重新静下来。这使他铸成大错。他曾不无遗憾地谈到，这次失误是"我一生中犯的最大错误"。

后来，俄国科学家费里德曼对爱

盘古开天辟地

因斯坦的修正似乎有些漫不经心，权作一次数学练习吧！他计算的结果表明，宇宙可能周期性地收缩和膨胀，也可能无限地膨胀下去。此后，比利时天文学家勒梅特认为，我们的宇宙原来装在一只"宇宙蛋"中，它的突然爆发才逐渐地形成现在观测到的宇宙。

在勒梅特理论提出后不久，美国天文学家哈勃利用加州威尔逊山上1.5米和2.5米望远镜发现宇宙是在膨胀着的。

宇宙会永久地膨胀下去吗？这个问题并不容易回答。为此人们进行了大量的观测与研究。

能使宇宙中止膨胀的是引力。然而，其引力要达到一定的量。能否达到这个量，要看宇宙物质的平均密度能否达到一个量（临界密度）。但是，如果宇宙存在大量"暗物质"，其平均密度就难定了。

20世纪80年代，苏联科学家发现，一种称作中微子的基本粒子质量不为零。如果它得到确认，宇宙物质就会超过临界密度，因此，宇宙膨胀就中止。

宇宙年龄测定也是宇宙膨胀与否的一个指标，但宇宙年龄测定的难度很大。

此外，还有一些测定方法可以说明宇宙演化是继续膨胀、还是将要收缩，但是，无论哪一种方法都还不能提供绝对的判据。

直到今天，科学家们仍然没能解释宇宙是如何演化的。可以说，宇宙是如何演化的也是已经过去的20世纪中天文学领域的一大未解之谜。

宇宙的年龄有多大

1912年，在美国麻省哈佛学院天文台的一间凌乱的办公室里，一项完全改变天文学发展的发现产生了。这项发现在整个20世纪，乃至直到今天仍起着作用，它深深影响着关于宇宙尺寸、形状、年龄和最终命运的讨论。最使天文学家困惑的是宇宙的年龄。由非常卓越的科学家组成的不同研究小组获得的结果，不仅相差几十亿年，而且更糟糕的是得到了一个不可能的结论：宇宙比处在其中的恒星还年轻。

1912年的发现并不是由当时显赫的天文学家做出的。莱维特女士是对哈佛学院天文台在秘鲁的望远镜拍摄的图片进行分类的小组工作人员之一。尽管曾两次获得诺贝尔奖的居里夫人已家喻户晓，但那时的女性科学家仍十分罕见。莱维特的工作非常重要，她和她的同事被亲切地称为"计算机"，但这项工作也非常乏味，收入也不高。然而，在她研究麦哲伦云的一系列图片时，她意识到造父变星的亮度变化不仅与它们的尺寸有关，还与它们与地球的距离有关。

这项观测的重要性很快就被美国天文学家沙普利认识到了，而沙普利后来从1920～1952年一直领导着哈佛学院天文台的工作。造父变星有一个不寻常的特征，它们亮度明暗变化的周期从几天变到几个星期，周而复始。观测两个周期后，就可能发现恒星亮度的一个特殊值——绝对星等。绝对星等和恒星看上去的亮度——视

哈罗·沙普利，1885年11月2日－1972年10月20日，美国天文学家，美国科学院院士。20世纪科学史上最杰出的人物之一。他主要从事球状星团和造父变星研究。提出了银河系的中心不是太阳系，而是处在银河系边缘，银河系的中心是在人马座方向，为我们认识银河系奠定了基础。

星等之间的差别是恒星与地球之间距离的一个因子。牛顿已经确立：物体的亮度与它离观察者距离的平方成反比。距离可用基本的三角法计算，这在航海中经常用到。例如，水手利用三角法可测出船与灯塔之间的距离。在天文学中，地球就是水手所乘的船，造父变星就是灯塔。

利用这个新工具，沙普利对麦哲伦云作了进一步的研究，并在1916年指出太阳系处在银河系旁边，而非中心，与天文学家的猜想一致。他估计，真正的中心在5万光年之外，后来人们得出这个数值应是3万光年。

沙普利给出错误数值的原因在于他做了一个错误的假设，他认为整个宇宙都在银河系中。即使做出了伟大的突破，科学家仍可能在破除一个传统观念的同时抱着另一个传统观念，从而使他们常常难以看清事物的整个面目。

沙普利的主要对手哈勃作了一个令人十分吃惊的断言：银河系只是宇宙中很小的一部分。1925年元旦，在华盛顿特区召开的一个重要的天文学家会议上，哈勃的一篇论文由当时最主要的天文学家罗素宣读。在文章中，哈勃表明银河系只是一个星系，它处在一个容纳无数星系的广袤空间之中。他称其为"宇宙岛"，这个名词既具有诗意又很贴切，即使普通人都能明白它所揭示的宇宙的巨大。

与其他一些特立独行的学者一起，哈勃相信旋涡星云不仅仅是银河系内旋转气体产生的云，而且是远远超出银河系范围的完整的恒星系统。1923年，作为加州威尔逊山天文台的副研究员，哈勃利用刚投入使用的2.5米望远镜为他的理论收集图片证据。哈勃的理论得到了对旋涡星云中造父变星的计算结果的支持，同时通过望远镜第一次呈现在人们的视野中。在已知的星系中，大约有30%属于旋涡星云。旋涡星云包括一个位于

著名天文学家哈勃

中心的突起和一个通常包括两个螺旋状旋臂的扁平圆盘，它们是由炙热的年轻恒星以及尘埃和气体组成。哈勃所揭示的宇宙让天文学家兴奋不已，而对公众而言则几乎不能理解。

在1925年作出惊人之举后，哈勃转过头来研究旋涡星云中造父变星的红移问题，而他早已确认旋涡星云由众多的星系组成。红移是指向光谱中红光端移动的现象，它发生在光源远离观测者的时候。亚利桑那州洛厄尔天文台的天文学家斯莱弗曾研究过红移现象，但在1922年他转到其他研究领域去了。哈勃则得到了这样的结论：红移表明其他的星系正向外移

动，从而使宇宙的尺寸不断扩大。哈勃定律发表于1929年，它表明一个星系离我们越远，那么它的光谱中的红移就越大。目前，哈勃定律仍是测量宇宙尺寸和年龄的一个基本工具。

当时，美国天文学家正关注于威尔逊山天文台和洛厄尔天文台的观测结果，这些结果远胜于欧洲的任何发现。欧洲的物理学家则在爱因斯坦的领导下，利用数学理论来描述宇宙。20世纪30年代，天文学家和物理学家开始认识到他们正从不同的角度解释同一个问题，于是理论和观测的大结合开始了。大爆炸理论就产生于这种相互影响。

正如我们所知道的，大爆炸理论一直未得到重视，直到20世纪60年代这个理论所要求的宇宙微波背景得到确认。20世纪天文学家和物理学家所作的努力，从爱因斯坦1905年关于相对论的原始论文，到莱维特认识到造父变星的重要性以及哈勃利用这点确定存在众多的"宇宙岛"，所有这些与当今射电天文学的发现一起为决定宇宙的尺寸、年龄和命运提供了一个真实的基础。

之后出现了哈勃望远镜，这是以第一个表明存在无数个星系的哈勃命名的。人们期望，哈勃望远镜能肯定宇宙年龄在140亿～200亿年之间这一观点。地球上的望远镜能探测到1.5亿光年远处的造父变星。当哈勃望远镜得到完全使用时，它可能将这一距离延长到6亿光年。

1994年，一组天文学家发表了关于从哈勃望远镜得到数据的第一篇论文，使学术界乱成一团。这之前人们普遍认为哈勃常数（根据1929年的哈勃定律得出的宇宙膨胀率）等于50千米／（秒·百万秒差距）。50千米对我们来说不陌生，百万秒差距则是一个完全不同的量。一个秒差距等于3.26光年，一个百万秒差距是一个秒差距的一百万倍。在我们的宇宙中，连最近的星系仙女座都离我们有两百万光年远，因此天文学家们习惯于以上这些大数。但是，当新的观测结果导致这些大数改变很大时，他们就难以喜欢这些数了，1994年就发生了这样的事情。

一个由22人组成的小组利用哈勃望远镜研究了M100星系中的20颗造父变星，它们位于室女星座超星系团的中心。这些造父变星的红移使研究小组发现，M100远比我们原先认为的要离我们近。实际上，它近到致使哈勃常数从50千米／（秒·百万秒差距）增加到80千米／（秒·百万秒差距）。这意味着宇宙的膨胀速度比我们以前认为的要大。如果它以这

哈勃空间望远镜

么快的速度膨胀的话，那么它就要年轻些。它的年龄将不是140亿～200亿年，而仅是80亿年。

这个结果不仅让人难以理解，而且让人难以相信。人们早已仔细地研究了银河系中最古老的恒星，它的年龄在140亿年左右。这使它比它处于其中的整个宇宙都古老，显然这是不可能的。

紧接着，一些天文学家甚至建议重新起用爱因斯坦的宇宙常数。这个常数是爱因斯坦在发展他的相对论时胡乱引入的一个因子以表示反引力力，后来他又丢弃了这个常数。很明显，问题一定出在利用哈勃望远镜进行的研究中，尽管有许多杰出的科学家参与其中。于是，研究小组又回去重新工作。1999年5月末，一个新的报告又出来了，得到的哈勃常数为70±7千米／（秒·百万秒差距）。这个数值的下限为63千米／（秒·百万秒差距），在这种情况下银河系中最古老的恒星年龄恰能与其符合，考虑到一些研究实际上降低了这些恒星的年龄，情况就更乐观了。研究小组的领导人、加州卡内基天文台的弗里德曼认为，"经过这许多年后，我们终于进入了精确宇宙学的时代"。

1999年6月1日，在芝加哥召开的

美国天文学会上，一项运用不同方法的研究被公布，它的结论表明以前所有的星系测量都有问题。这项研究基于射电天文学，利用由射电望远镜组成的甚长基线阵，测量大熊星座中与地球相距23.5百万光年的星系。这个甚长基线阵包括10个同样的盘状天线，每根天线的直径为25米。利用这些可使它们相当于一个直径为8045千米的望远镜。

对大熊星座的测量表明，宇宙比原先认为的小15%，从而年龄也小15%。在研究小组成员、哈佛大学的莫兰眼中，以前研究过的星系NGC4258是"自然赐给射电天文学的礼物"。因为人们手中有了微波激射器，这是一种强射电波的装置。然而，当人们声称他们的测量无比精确时，结果再次表明这个宇宙比银河系中最古老恒星的年龄要小。

一定是哪里出错了。也许是造父变星的红移测量有误，即便这要追溯到20世纪20年代；也许是射电望远镜的测量建立在任意的假设之上；或许是天文学界的人不愿挑明，没有一种测距的方法是正确的；大爆炸理论本身也可能有问题。也许真的存在反引力，或者存在其他未被探知的宇宙原则在起作用，或者这个问题的答案还未知且无法想象。无论如何，宇宙学

家们得到的答案并不一致，直到他们得到的答案一致为止，宇宙的年龄仍将是个未知数。20世纪结束了，探测宇宙年龄的工作还在进行着。

宇宙的暗物质之谜

宇宙大爆炸理论认为：宇宙诞生之前，没有时间，没有空间，没有物质，也没有能量。约150亿年前，一个很小的点爆炸了，逐渐膨胀，形成了空间和时间，宇宙随之诞生，并经过膨胀、冷却演化至今，星系、地球、空气、水和生命便在这个不断膨胀的时空里逐渐形成。

天文观测和膨胀宇宙论研究表明，宇宙的密度可能是由70%的暗能，5%的发光和不发光物体，5%的暗物质和20%的冷暗物质组成。也就是说，宇宙中竟有九成是看不见的暗物质，其中被称作可能是宇宙早期遗留至今的一种看不见的弱相互作用的重粒子——冷暗物质，正是支持膨胀宇宙论的关键。

正因为宇宙中的暗能、暗物质至今尚未被发现，所以科学家们给我们留下了一系列关于宇宙中的暗物质问题的谜团。人类共同关心的问题是：宇宙中的暗物质究竟有多少？它们在

仙女座大星系

宇宙中占有多大的比例？目前天文学家还无法确知，只是给出了一些估计的数字：在宇宙的总质量中，重子物质约占2%，也就是说，宇宙中可观测到的各种星际物质、星体、恒星、星团、星云、类星体、星系等的总和，只占宇宙总质量的2%，98%的物质还没有直接观测到。在宇宙中非重子物质的暗物质当中，冷暗物质约占70%，热暗物质约占30%。

紧接着下一个问题又来了：宇宙中存在的大量非重子物质的暗物质组成成分究竟是些什么粒子？它们的形成及运动规律又是怎样的呢？于是寻找暗物质，探求暗物质的性质就成了世界高能物理研究的热点之一，寻找的途径包括在超大型加速器上的实验，还包括在地下、地面和宇宙空间对宇宙线粒子的测量。

中国科学院高能物理研究所也加入了寻找暗物质的研究。1972年，高能物理研究所云南高山宇宙线观测站曾观测到一个奇特现象，即观察到一个从宇宙射线中来的能量大于3000亿电子伏特的粒子碰撞石墨中的粒子后，产生了3个带电粒子。分析表明，其中一个是介子，一个是质子，还有一个是能量大于430亿电子伏特、寿命长于0.046纳秒的带电粒子。许多科学家认为若此事能被证实，它将肯定是超出标准模型的新粒子，而这个新粒子就可能是暗物质的粒子。

1979年，科学家发现，在仙女座背景方向的温度比天空其他方向的要高，那里存在着巨大的未知质量。"失踪"的物质哪里去了呢？按照牛顿物理万有引力定律，星系中越往外的行星绕该星系中心的转动速度越慢。太阳系中的行星运转正是这样的。但已观测到有许多星系，其外边缘行星比中心附近行星绕转得更快。这说明除看得见的星系或星系团外，还有大量暗物隐藏在其中，它们像晕一样包围着星系和星系团。那么这些像晕一样的东西是由什么物质构成的呢？有人认为是X射线和星系际云，但它们远没有估算的暗物质那么多；也不是年老的恒星，如体积很小的中子星和白矮星，它们行将死亡时会抛出大量物质，但人类并未观测到。英国剑桥大学的物理学家霍金认为有可能是黑洞。还有不少科学家认为是"中微子"。并提出了暗物质的"中微子"模型。但研究这个模型还存在一定的困难，例如，按此模型只有在超星系团周围才有晕，但实际上在星系周围也观测到晕；而且中微子是否有质量，科学实验也未最终确认。

20世纪80年代，美国和苏联的一些科学家提出了暗物质的"轴子"模型。按照这个模型，混沌伊始（宇宙爆炸后不久有一个混沌不分的时期），宇宙就如一坛重子和轴子混合交融的汤。后来重子由于辐射能量，慢慢地转移到团块中心去了，结果普通发光物质的核被冷子晕包围，形成了星系似的天体。这个模型简洁美妙，有人用计算机对这种模型进行了模拟演算，最终得到的宇宙演化图像与我们今天观测到的宇宙十分吻合。但这个模型毕竟是假想的产物，它能否成立，还需要更多的实验来验证。

从理论上说，冷暗物质粒子应该具有一种质量很重的中性稳定粒子，它不直接参与电磁相互作用，但可以参与弱相互作用和引力相互作用。这

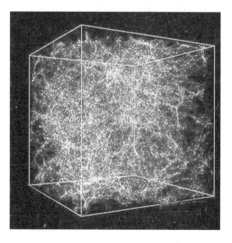

暗物质模型

种粒子肯定是超出标准模型的粒子；如果能在实验中直接观测到这种粒子，将是探讨物质微观世界结构和基本规律方面的重大突破。

目前中科院高能所参加了由意大利罗马大学牵头的意中DAMA合作组的冷暗物质粒子研究。为了避免各种信号干扰，意大利国家格朗萨索实验室建在一个高速公路穿过的山洞下，岩石厚度有1000米。中意科学家研制的100千克低本底碘化纳晶体阵列安装在意大利格朗萨索国家地下实验室，经过8年的实验，已经探测到这种物质粒子偶尔碰撞碘化钠晶体中的原子核时发出的微弱光线，已获得了这种信息的3个年调制变化周期，并据此推算出这种粒子很重，它的质量至少是质子的50倍。实验的初步结果提供了宇宙中可能存在一种重粒子，即冷暗物质粒子的初步证据。

科学家们认为，这种粒子的存在将非常有力地支持暴胀宇宙论和超对称粒子模型，困扰天文学家70多年的谜团就能澄清，粒子物理、天体物理、宇宙学将会有突破性发展。但实验上要确认冷暗物质的存在及特性，尚需进一步的观测数据和可靠证据，我们期待着关于暗物质的一系列谜团早日揭开。

反物质世界存在吗

我们的宇宙是由物质构成的，这对人们已经司空见惯了。但是，现实世界的物质是从何而来的呢？为了解答这个问题，还要求助于物质的对立面——反物质。

20世纪物理学的发展，在微观物质方面的研究取得了重要的进展。1928年，英国物理学家狄拉克曾预言，有一种带电粒子与电子的电性相反，但别的性质都一样。1932年，美国物理学家安德逊发现了这种带电粒子——正电子，为此他获得了1936年的诺贝尔物理奖。对于正电子研究，中国物理学家赵忠尧也做出了重要贡献。此后，人们又发现了许多反物质粒子，如反质子、反中子等。

1933年，狄拉克在接受诺贝尔奖发表演讲时，提出了一个有趣的猜想。我们的地球是由物质构成可能出于巧合，但是在浩茫宇宙中或许存在由反粒子构成的反恒星和反行星，甚至包括反人。

瑞典物理学家阿尔文写过《世界与反世界》一书。他也认为宇宙是对称的，应有一半正物质和一半反物质。但是，这种对称存在吗？

真的有反物质世界与我们的世界对称吗

根据宇宙膨胀理论，在大爆炸初的瞬间，宇宙粒子数和反粒子数并不均等，但是差别只有10-10@（0.0000000001）倍。正是这小小的不均等才造成我们现实的世界。

如果反物质世界真的存在，我们的世界能与它们"和平共处"吗？一般认为，这两个世界由虚空分隔。不过，这并不保险，万一没能隔开，碰到"反人"与我们打招呼时，万勿与他们握手，否则就要与他们同归于尽了。

现在，人们正在找反氢物质，一旦找到，就可能真的存在反恒星了，反行星、反彗星、反陨石、反尘埃就更不在话下了。

这并非危言耸听。1908年发生在西伯利亚的"通古斯大爆炸"事件，引起许多假定性的解释，其中1960年

度诺贝尔化学奖得主利比就认为，它可能是一小块反物质所为。

当然，反物质的存在是无可怀疑的，但由此构成的反物质世界却是20世纪天文学领域最大的谜团之一。

是否存在影子世界

对称现象是一种很常见的现象，如蝴蝶的双翅、对联等。在自然界还存在一种超对称现象，这种性质要求有寻常物质（夸克、轻子……）之外，还要有"影子物质"（如影子夸克、影子轻子……）。寻常物质构成我们处在的寻常世界，而影子物质构成我们尚未找到的影子世界。

在我们的宇宙中，有些星系主要是寻常物质构成的，有些星系则可能主要是影子物质构成的，但两类星系可同处同一星系团。遗憾的是，我们尚不知影子星系的具体情况。对于太阳系来说，寻常物质占据着绝大部分。以太阳为例，理论上只允许它的影子物质占1‰，而地球的影子物质可占到10%。甚至人们想出办法测量这10%的差别。具体的办法是，在地球上通过地震方法测出地球密度，进而求出地球质量；在卫星上推导出包括影子物质在内的地球总质量。理论

上预计，二者差不大于1／10。

有一种理论预言，太阳也是一个双星系统，即太阳应有一个伴星，甚至为此起名——复仇女神。但找不到它，为此有人认为它可能是影子物质构成的恒星。

影子物质构成的世界同我们的现实世界处在同等地位上，它在太阳系尺度上或星系尺度上的影子恒星系统要按照它固有的规律演化，它应有可能演变到与我们世界对等的水平上。

影子世界的真实性受到许多人的关注，但是我们怎样验证它的存在呢？特别是影子世界的文明程度，如果同我们的文明程度不相上下，我们怎么同他们联络呢？现在的通信工具是不行的，可能要用引力波进行联络，因此要研制非常灵敏的引力波收发报机。然而，现在还未探测到引力波的信号。用引力波进行联络还是纸上谈兵。

科学家很注重对引力波的探测，特别是，如果能进行像超新星爆发时产生的引力波实验，同时又摒去其他形式的波，那就可能是影子世界传来的信息。

但愿影子世界是真实的，如果能沟通同影子世界的联络，可能会使现实世界更丰富多彩。

银河系旋臂之谜

星系分为四类，其中不规则星系占3%，椭圆星系占17%，漩涡和棒旋星系占80%。银河系属漩涡星系中的第二类。

20世纪30年代，人们开始破解银河系结构之谜。20世纪40年代，荷兰科学家赫尔斯特认为冷氢能发出一种射电辐射。当时德国占领着荷兰，科研陷于停顿。到1951年，探测这种辐射的工作由美国天文学家尤恩和珀塞尔完成。

这项探测工作非常重要，于是在测定氢云的分布和运动的基础上，揭示了银河系的螺旋结构，进而发现许多河外星系也是螺旋结构。

到现在为止，人们已发现银河系有四条对称的旋臂，即靠近银心方向的人马座主旋臂，猎户座旋臂和英仙座旋臂，太阳就位于猎户座旋臂的内侧。20世纪70年代期间，人们探测银河系一氧化碳分子的分布，又发现了第四条旋臂，它跨越狐狸座和天鹅座。1976年，两位法国天文学家绘制出这四条旋臂在银河系中的位置，这是迄今最好的银河系漩涡结构图像。

为什么银河系会存在漩涡结构

银河系

呢？一般说法是由于银河系的自转。20世纪20年代，荷兰天文学家奥尔特证明，恒星围绕银心旋转就像行星围绕太阳一样，并且距银心近的恒星运动得快，距离远的运动得慢。他算出太阳绕银心的公转速度为每秒220千米，绕银心一周要花2.5亿年。

为什么会存在旋臂构造呢？按说，这些旋臂随银河系运转应越缠越紧。太阳绕银心已转了约20周了，应缠得很紧了，看不到旋臂了。为此，1942年，瑞典天文学家林德布拉德提出"密度波"概念。1964年，美籍华裔科学家林家翘发表了系统的密度波理论，初步解释了旋臂的稳定性。

1982年，美国天文学家贾纳斯和艾德勒完成对银河系434个银河星图的图表绘制，发表了每个星团的距离和年龄。他们发现，银河系并没有旋涡结构，而只是一小段一小段地零散旋臂，漩涡只是一种"幻影"，这是因为银河系各处产生的恒星总是沿银河系旋转方向形成一种"串珠"。而不断产生的新恒星连续地显现着涡旋的幻影。

这的确是一次严重的挑战，在20世纪，甚至至今还难于回答银河系究竟有没有旋涡结构？是大尺度连续的双臂或四臂结构，还是零散的局部旋臂？

神秘的类星体能源

20世纪60年代，天文学家在茫茫星海中发现了一种奇特的天体，从照片看很像恒星，但肯定不是恒星，光谱似行星状星云但又不是星云，发出的射电（即无线电波）如星系又不是星系，因此称它为"类星体"。

类星体的显著特点是具有很大的红移，表示它正以飞快的速度在远离我们而去。类星体离我们很远，大约在几十亿光年以外，可能是目前所发现最遥远的天体，天文学家能看到类星体，是因为它们以光、无线电波或X射线的形式发射出巨大的能量。

类星体的红移大得出奇，这已经够天文学家伤脑筋了，但人们计算它们的亮度后就更为吃惊了。

类星体

以3C48为例，它的光度为太阳光度的3万亿倍，而3C273则为太阳光度的6万亿倍。这是何等的亮度呢？拿仙女座天区内一个有名的星系M31比较就可知晓。M31是一个巨大的恒星集团，有4000亿颗恒星，直径约10万光年，距我们200万光年。在漆黑的夜中，M31像一小块薄纱般的亮斑，有月光干扰就看不清了。

如果将M31同3C273比一下，后者的光竟是前者的几百倍。这还只是可见光，未计它发出强大的射电波辐射。由此可知，3C273之类的天体为什么叫"类"星体了。

类星体是一个超级星系吗？不是，实际上它的直径只有普通星系的几百万分之一，可是为什么有那么强的辐射呢？它如此挥霍的能量从何而来，是什么样的能量呢？

研究超新星的专家科尔盖特认为，类星体的心脏地区有数百颗脉冲星，它们的碰撞引起爆炸而释放出巨大的能量。由于超新星也是在短时间内释放能量，把它与类星体相比较的意义也正在此。简单地说，独立的超新星爆发之和构成了类星体能源。

有些天文学家认为，存在着质量为100万~1亿个太阳质量的"超星"或"超"越新星或巨脉冲星，它们的爆发（或定时爆发）提供了类星体释放的能量。

英国天文学家瑞斯热衷于黑洞模型的研究，他认为黑洞是类星体的中心，它吞食恒星，并提供类星体所需的能量。很多人反对这种说法，因为黑洞是否存在尚有疑问。

更为激进的看法是，宇宙中有一种反物质天体，这是一种高能天体，约百亿年前差不多就耗尽了。它同寻常的物质不同，反物质与普通物质相见就发生"湮灭"，并放出巨大的能量。有人猜测，类星体能量源于物质与反物质的湮灭过程，但不会大到类星体释放能量的水平。进而有人猜测，类星体能量来自夸克。但夸克尚未探测到。

在类星体能源之谜的探索过程中，人们驰骋奇想，答案是超新星、超星、黑洞、反物质、夸克中的哪一个呢？这又是20世纪留给今天的一大天文学谜题。

类星体超光速之谜

类星体观测中最大的问题还不在红移和能源问题上，而是它的运动速度是否会超过光速。按照爱因斯坦建立的狭义相对论，光速是物质运动的上限。尽管后来的科学家曾研究超光速运动，并提出了"快子"的概念，甚至设想了"快子的世界"，但快子的观测仍未成功。

1977年7月到1980年7月，位于室女座的3C273的两个射电子源，以接近于3倍光速的速度彼此分离；此外，3C279和3C345类星体也有超光速现象。3C120的观测也发现了超光速现象，其喷射的云块以2倍到4倍的光速运动。由于超光速现象是不可能的，这些超光速现象一般都称作"视超光速"现象。

超光速现象并不稀奇，早在1901年，英仙座一颗新星爆发，其产物——气云就以14倍光速膨胀。到1939年，法国天文学家孔德斯提出光回波说才解释了这种现象。

孔德斯认为，这颗新星发出的光线到达地球时，同样由宇宙尘埃云反射的光线要晚一些到达。星云膨胀速度是用尘埃云视距离被两束光到达地球的时间差来除，这样的结果是大于光速的。

类似的现象还有：1936年，人马座爆发新星时尘埃云超光速膨胀现象；1987年，大麦哲仑星云中超新星爆发时，两条尘埃的膨胀速度分别为光速的15和20倍。

对于这种视超光速现象，许多天文学家也像孔德斯一样，认为它是不存在的，这是一种错觉。除孔德斯的解释之外，还有一种"圣诞树"错觉。

圣诞树挂上一些同颜色的灯泡，当一个灯泡闪亮一下灭掉后，接着另一灯泡也闪亮后灭掉，……持续下去，人们看了几眼后，发现灯泡好像是在树上穿行。如果圣诞树的尺度极大，其视运动就可能超过光速，尽管这些气云并未运动。

究竟宇宙"魔术师"是在玩弄小把戏，还是需要新的理论解释超光速运动？对于后者，许多人并不愿意认真去想，似乎现有的理论应能解决这个问题。

太阳核反应堆之谜

太阳为地球提供了源源不断的能量，它使人类和一切生物得以在地球上繁衍生息，构成了生气勃勃的世界。

太阳在一秒钟内辐射的能量高达38亿亿亿亿尔格（1尔格=0.0000001焦），相当于1000亿亿吨煤燃尽后释放的能量。那么太阳是怎样产生如此巨大的能量呢？

第一个科学解释这个问题的是19世纪德国科学家亥姆霍兹。他知道靠

巨大的太阳为我们提供源源不断的热量

化学燃烧解释是行不通的，提出引力收缩理论以说明太阳能量的产生。由此可知太阳燃烧可以维持3000万年，这与生物进化理论相矛盾。

20世纪初，根据物理理论的新发展，人们重又思索太阳能的来源。著名的英国天文学家爱丁顿推测，电子与质子相互作用可提供太阳辐射的能量，这使太阳可消耗15000亿年。但是，这种推测并没有多少根据。

1932年，英国物理学家查德威克发现中子。1939年，美籍德国物理学家贝特提出了太阳和一般恒星能源的现代理论。贝特认为，太阳中心的温度很高，这使核聚变反应得以发生。其实氢弹爆炸就是核聚变反应提供的，其威力远远高于原子弹。太阳上每时每刻都爆发"氢弹"，这差不多可维持100亿年，现在太阳才50亿

岁，还可以持续50亿年。

新的观测事实对这个理论也提出了挑战，特别是"中微子失踪"。但太阳核理论并没有什么错误。为此又提出了一些补充，其中最有名的要算是"黑洞假说"。这种理论认为，太阳中心有一个黑洞，它占去太阳质量的十万分之一，但半径只有几厘米，可提供太阳能量的1/2。但是黑洞是如何产生的呢？

还有一些理论力图维持或修改已有的太阳能量来源的理论，但也都存在这样或那样的问题。但是不管如何，把太阳视为一个巨大的核反应堆是否正确，这个问题是20世纪天文学界留给21世纪的重大难解之谜之一。

地球水从何处而来

对于"地球"的称谓，有一位美国的宇宙航行员曾幽默地说，应改称"水球"。这一点并不奇怪，全地球至少有2/3的表面积被水所覆盖着。如果地球是一个理想的球体，那么就是一个深达2750米的"海球"了。但是，奇怪的是在整个20世纪，科学家也没能弄明白地球上的水是从何处而来的。

按照传统的理论，例如，星云说中把星云物质分为三类：气（氢和氦，占98.2％）、冰（水冰、氨、甲烷等，占1.4％）和土（占0.4％）。随着同太阳距离远近的变化，这三类物质在构成星球时的比例也不同。靠近太阳的行星（如水星、金星、地球、火星）以土为主；远离太阳的（如木星、土星）三者比例同原始星云含量一样，再远的行星（如天王星、海王星等）则以冰为主。

这样看来，地球虽然以土为主。但是也有冰物质。这便是地球的水源。在火山活动时也会释放出大量的水汽。

1966年，科学家们发现火山喷发的水汽只是地球现有水体循环的一部分，并非"新生水"。为此，人们在

地球的表面被71%的海水覆盖着

研究上必须另觅途径。

1961年，有人提出，地球水是太阳风作用的结果。太阳风中的电子和质子被地球吸收后与氧结合便生成了水。但是，反对者认为，阳光中的紫外线也会使水分解为氢和氧，而氢原子易摆脱地球的吸引而散失到太空中去。

从1981年开始，美国依阿华大学的弗兰克等人从"动力学探索者1号"卫星接收到的照片上发现许多小黑斑。开始，他们以为是一种电子干扰。后来，弗兰克的一个学生进一步研究才发现，这是一种水分子凝聚成的气体云。

但是，这些水分子又来自何方呢？

经过分析，弗兰克等人认为，形成这些水汽云的物质来自天外的小彗星。这些小彗星在地球引力作用下破裂，并在阳光照射下形成大的汽化球，其中部分进入大气层。弗兰克估计，每分钟有20颗直径为10米的小冰球坠入大气，每个含水100吨。经过几十亿年后，这样的水量是极其巨大的。

最初，人们对弗兰克的"冰雪球"新理论并未留意，后来，一些美国和加拿大科学家的研究支持了弗兰克的理论，才引起人们的注意。不过

"冰雪球"理论也并不完善。果真是"地球之水天上来"吗？

另一些科学家提出了相反的意见，他们坚信水是地球固有的。虽然火山蒸气与热泉水主要来自地面水循环，但不排除其中有少量"初生水"。如果过去的地球一直维持与现在火山活动时所释放出来的水汽总量相当的水汽释放量，那么几十亿年来累计总量将是现在地球大气和海洋总体积的100倍。所以他们认为，地球99%的水是周而复始的循环水，但却有1%是来自地幔的"初生水"。而正是这部分水构成了海水的来源。地球的近邻贫水，是由于其引力不够或温度太高，不能将水保住，但不能由此推断地球早期也是贫水的。

那么，地球上的水到底是从哪里来的呢？在科技更加发达的21世纪，科学家们能够揭开这个谜团吗？

通古斯大爆炸之谜

1908年6月3日清晨，在俄罗斯西伯利亚的通古斯地区发生了一次惊天动地的大爆炸。在瓦纳瓦拉北50千米的森林上空突然出现一个大火球，伴随着噼哩啪啦的怪声。这火球拖着长长的尾巴冲下来。这突如其来的景象

通古斯大爆炸遗址

使人们都惊呆了。接着人们看到巨大的火柱直冲云霄，慢慢地又变成黑色的蘑菇云；同时，人们还感到灼人的热浪迎面扑来。这热浪如此厉害，以至于使人倒地而爬不起来。

据后来调查可知：在距火球400千米范围内，强有力的冲击波推倒了墙壁并席卷了屋顶。在距火球800千米范围内。有一火车正在行驶。震耳欲聋的爆炸声惊骇了旅客，他们几乎被掀了起来，火车也受到强烈的震撼。距火球1500千米的范围内，人们都能看到火球的坠落。

大爆炸产生了极大震动，欧美地震仪都记录到它的震动，地磁仪也受到明显干扰。爆炸的当量相当于1000万吨的TNT炸药，它使爆心地区有6万株大树倒下，1500只驯鹿被击死。

1927年，苏联科学院派出探险队赴通古斯地区考察。最初，当地人都不愿做向导，原因是他们认为这是恶魔造成的灾难，是为了惩罚人类。

库利克教授认为，这是陨石造成的。但他在调查过程未发现陨石坑，也未发现一片碎陨石块。尽管他一直坚持己见，但是没有证据。第二次世界大战时，他死于德国战俘营。

1958年，苏联又派出考察队赴通古斯调查，但调查结果仍难下定论。到20世纪末，研究通古斯大爆炸的文章已经不计其数，其中有代表性说法是：

1. 核爆炸说。这是科幻作家卡尔萨夫提出的，他认为是火星人驾核动力飞船进入大气层失事造成的。

2. 激光通讯说。这是科幻作家阿尔特夫提出的。1883年印尼一次火山爆发发出了强电磁信号，处在天鹅座61号星的"人"经过11年收到信号，就马上与地球人联系，他们的激光信号太强，尽管对于他们来说是抽上一条线的伤痕，但对于我们却是一场灾难。

3. 黑洞说。这是美国科学家杰克逊和瑞安于1973年提出的。一粒像石榴籽大小的黑洞穿过地球，在进入大气层时。由于它的速度高、质量大，造成了巨大的冲击波。

4. 反物质说。加拿大辛哈博士于1974年提出反物质陨石与地球的物质湮灭而引起爆炸。

5. 彗星说。多数苏联科学家倾向于此。彗星核以极高速度闯入大气层而造成爆炸。有些科学家甚至认为是恩克彗星碎片闯入大气层。

6. 小行星说。这是美国的三位科学家于1992年提出的。

这么多的解释没有一种能自圆其说。通古斯大爆炸的真相是什么呢？这个问题被留给了21世纪。

流感与宇宙线之谜

对于人来说，生老病死一直是无法回避的。特别是疾病，几乎每个人的一生都要同它有联系，许多大规模流行性疾病对人类造成的危害不亚于战争、旱涝、地震等灾害。就20世纪中期中国南方很多地区流行的血吸虫病，使"华佗无奈小虫何"，造成"千村薜荔人遗矢，万户萧疏鬼唱歌"的局面。

20世纪最重要的瘟疫是流行性感冒。1918～1919年，全世界范围流感大流行造成死亡达2000多万人。这样的流行性感冒20世纪达7次之多。其中，1950～1951年（或1947～1952年）的流感流行范围很广，侵达欧洲、非洲、北美洲、日本等地，特别是英国利物浦的流感死亡率超过了1918年流感死亡率。1957年也发生了一次全球性流感，其规模仅次于1918年的流行规模。

这些大流行的原因是什么呢？这里暂不考虑别的原因，天文学家曾经为此提供了一些天文成因的证据。

1912年，奥地利物理学家黑斯携带一种称作电离室的探测器乘坐气球进行科学探测。在探测过程中，他发

1918年流感爆发期间，数以百计的人群拥进加利福尼亚州弗雷斯诺市的圣十字教堂，向上帝祈祷抵御流感

现了一种来自天上的辐射。1926年，他为这种辐射定名为宇宙线。黑斯因此获1936年诺贝尔物理奖。许多科学家都投身宇宙线研究，并开辟了一个广阔的研究领域。

宇宙线同上述的流感大流行有关系。从20世纪40年代到50年代，宇宙线增强辐射最大有五次：1942年2月28日、1942年3月7日、1944年7月25日、1949年11月19日和1956年2月23日。

一些科学家指出，1943年和1947

年的两次流感大流行分别对应的是前三次强宇宙线辐射事件。1950～1951（或1947～1952）年流感大流行对应着1949年11月（或1946年7月和1949年11月）宇宙线强辐射事件。1957年流感大流行对应1956年2月宇宙线强辐射事件。

宇宙线强辐射过后就是流感大流行，这有什么根据吗？1985年，湖北环保所的科学家虞震东提出一种假说。他认为，宇宙线突然增强导致：

1. 破坏臭氧层，使太阳紫外线

照射增强；

2．相当于给人照射了一次X光，使人的生理功能发生变化；

3．给地球的流感流行提供了环境。

宇宙线给人类的影响真正的原因尚不清楚。难道这是一种"天人感应"吗？科学家们在20世纪没有解开这个谜团。

科学家根据理论构筑的引力波模型

解不开的引力波之谜

爱因斯坦的广义相对论正确与否也需要在实验上加以验证，它的特殊性表现在，这些验证差不多都是天文学家进行的。广义相对论的一个重要结论是关于引力波的预言，这需要天文学上的检验。

引力波同电磁波类似。电磁波是电荷发生振荡时产生的，引力波则是物质的分布随时间变化使物质周围的引力也随时间变化而产生的。引力波传播速度同电磁波一样，都是光速。

引力波的检测工作是20世纪60年代初开始的，这时爱因斯坦的理论已建立40多年了（爱因斯坦于1955年去世）。所以如此的晚，部分原因是由于引力波太弱。打个比方说，一个电子产生电磁场比它产生的引力场要强400亿亿亿亿亿亿倍，因此，检测到它的信号是十分困难的。

美国马里兰大学的韦伯教授设计了引力波接收天线。这是一个圆形铅柱，长1.53米，直径0.66米，质量为1.49吨。它可以测出移动量为1亿亿分之一米的运动。这使引力波检测成为可能。

韦伯作了两套装置，一套放在华盛顿马里兰大学，另一套放在芝加哥的阿贡实验室，二者相距1000千米。其原理是，在两个天线上同时接收到相同信号可能就是引力波信号。

1969年，韦伯公布了他的检测结果。他认为，所接收的几个信号可归于引力波。到1970年初，他已观测到200个类似的信号。他认为这些信号来自银河系中心，波长为320千米。

韦伯的工作引起许多科学家的注意，有人盛赞他的工作可以与19世纪赫兹验证电磁波存在相比，这是一个伟大的成功。此后。许多实验室着手这项工作。遗憾的是，别人都未得到类似结果。一般看法是，韦伯接收到的信号不是引力波信号，可能与地球磁场变化有关。

1974年，美国天文学家泰勒和胡尔斯用射电望远镜发现，距地球1.5万光年的一颗咏冲星和另一颗中子星的距离在缩小。其公转周期的减小说明它在辐射引力波。这是探测到的引力波。

韦伯的工作毕竟是一个良好开端。他的装置被称作第一代引力波探测器。20世纪70年代中期，人们又发展了第二代引力波探测器，20世纪80年代以来又开始研制第三代引力波探测器。

整个20世纪，世界上一些实验室都在进行引力波探测工作，但始终没能解开这个谜。在21世纪的今天，许多科学家依然在为寻找引力波孜孜不倦地工作着。一旦解开引力波之谜，许多天文学上的谜团都会随之解开，而且通过引力波望远镜，科学家们会揭示更为壮观的天文世界。

黑洞究竟是什么

许多探讨黑洞的书籍的索引中都没有出现奥本海默的名字，而且书里围绕黑洞所进行的冗长而复杂理论讨论中也没提到他。然而，正是这位伟大的美国物理学家，首先想象着这些非常奇怪的宇宙实体，把它们看成爱因斯坦相对论不可避免的产物。如今的人们更多地知道的是，奥本海默是洛斯·阿拉莫斯研究组的负责人，投到广岛和长崎的原子弹就是他们造

伟大的物理学家奥本海默

出的。1938年末，奥本海默和沃尔科夫已完成了关于中子星质量和周长的计算。这项工作使奥本海默确信，质量大的中子星在死亡时会发生向心爆炸。这种向心爆炸的结果是什么呢？

奥本海默获得了他在加州技术学院的研究生斯奈德的帮助，以解决其中出现的数学方程。斯奈德是一名优秀的学生，具有独立思考的精神。作为当今黑洞领域最重要的专家之一，索恩在他1994年的《黑洞和时间扭曲》一书中就详细地讨论了奥本海默的工作。具有讽刺意味的是，索恩是奥本海默的主要对手之一惠勒的学生。索恩注意到，斯奈德在奥本海默和托尔曼指导下所作的计算难得可怕。问题中的有些方面直到20世纪80年代出现超级计算机之后才可能获得解决。"为取得一丝一毫的进展"，索恩写道，"给向心爆炸的恒星建立一个理想模型非常必要，然后对由模型的物理规律所做出的预测进行计算"。在索恩看来，斯奈德施展着绝技，建立了适用的方程，然后解决了它们。仔细研究这些公式，物理学家能得到他们所希望看到的向心爆炸的各方面性质，从恒星外看情况如何，从恒星内看如何，从恒星表面看如何，等等。

许多物理学家发现，这些方程让人难以理解。问题在于，从外部参考系来看，向心爆炸在到达某一点时会永远冻结住；而一个在向心爆炸时被向内带的恒星表面上的观察者看来，则似乎根本不会出现冻结。由于观察点不同，人们发现，一个恒星能同时做两件完全不同的事。这需用以前从未考虑过的时间扭曲来加以解释。爱因斯坦曾提出过时间扭曲。量子理论和海森伯不确定原理指出观测行为会对被观测的东西产生影响，但那是在亚原子尺度上。这些在大多数美国物理学家看来有点离题太远。

事实上，在奥本海默、斯奈德1939年的文章之前就有人做了这方面的研究。在那11年前，年轻的物理学家钱德拉塞卡就已经从理论上得出，恒星的核如果大于太阳尺寸的1.4倍，它将不会变成我们通常观察到的白矮星；相反，它们会因自身引力而继续坍缩。朗道是一位具有传奇色彩的苏联物理学家，几乎同时得到这一结论。他与钱德拉塞卡因在这一领域的开创工作而共享1983年诺贝尔物理学奖。这之间存在一个时间差。如果一位科学家要等上55年才获得一个诺贝尔奖，那么这就表明他的工作超前于他所处的时代。1928年，物理学界的一位巨头，曾在1919年观测日食而确证爱因斯坦相对论所预言的空间扭曲的爱丁顿爵士，就对钱德拉塞卡的理论大为光火。他说："应该存在一条自然规律以制止恒星以如此荒唐的方式演变"。

奥本海默和斯奈德的文章从惠勒和其他美国物理学家那里得到了几乎相同的对待。事情因第二次世界大战的开始而暂时停了下来。美国物理学家开始加入到原子弹的制造之中。战后，虽然奥本海默和惠勒有段时间都在普林斯顿高等研究院工作，但他们之间的矛盾已影响到了他们的私人关系。当奥本海默首先从实用和伦理角度反对发展氢弹时，惠勒又成为对立阵营的主角。惠勒成为氢弹的主要设计者之一。奥本海默对氢弹的反对使他在麦卡锡主义流行的20世纪50年代深受影响，甚至人身安全都存在问题。尽管不忠于国家的指控从未得到证实，但这些浪费了他大量的精力，使他远离了关于黑洞的讨论。另一个原因是，惠勒在黑洞这个问题上完全转变了观点。

惠勒的转变是如此彻底，以致他于1969年给出了黑洞这个名词，并成为这一领域最重要的理论学家之一，完全超过了他的老对手奥本海默的贡献。电视系列片《星际旅行》中的一段情节就是根据这一现象而写的。

《星际旅行的物理学》一书的作者克劳斯写道："当我为准备写这本书而看到这一情节时，我发现非常有趣的是《星际旅行》的剧作者写错了。现在我意识到他们几乎发明了这个名词。"系列片的剧作者用的词是"黑星"。

《星际旅行》使公众着迷于黑洞这个概念。这种着迷也部分因为惠勒所想出来的名字，它能激发出巨大的神秘感，而且还出现在有关日常生活中麻烦的玩笑之中。公众从未对像白矮星、中子星这些重要的恒星产生兴趣，而黑洞则像彗星一样吸引住了公众的注意力。很奇怪，顶尖的物理学家已为黑洞这一问题苦思冥想了60年，并且仍在继续着。事实上，公众对黑洞的关注是因为我们很难解释它，这使黑洞成为我们知识的空白，促使每个人都能自由地发挥他们的想象。

许多黑洞的定义都集中在说明它的引力场非常强，以致任何东西甚至光都无法逃离它。索恩走得更远。虽然他的书出版于1994年，先于天文学家开始验证黑洞是否确实存在了好几年，索恩已处于黑洞理论研究的前列。即便是索恩都非常谨慎，因为他有关黑洞的计算导出了更奇怪的结论。

让我们问一个简单的问题：黑洞有多大？

理论上，任何东西都能变成一个黑洞。比如，一颗恒星，一颗卫星，帝国大厦，一头大象，你或者我，只要有足够的力施加到这个物体上，把它压缩至它的引力场强到可以使空间弯曲、俘获光，这样它就变成了一个黑洞。你和我都将变成一个小黑洞，只要我们只有一个电子的十亿分之一大。如果要使地球变成一个黑洞，那么地球就必须比乒乓球还要小。如果要使太阳成为一个黑洞，其半径将只有2.4千米。

实际上，太阳不会变成黑洞，你和我也不会。我们都没有大到可以成为黑洞，而有些恒星大到不可避免地会变成黑洞。正如费里斯在《全部家当》中解释的那样，"每颗健康的恒星都代表两种相反力的平衡。引力要使恒星坍缩。恒星的核产生的向外热辐射，使恒星向外扩张。在向内的引力和向外的热辐射的作用下，处于平衡状态的恒星会有规律地跳动。跳动的脉搏由一种美妙的反馈机制来调节。"这种热和引力之间的反馈机制能使恒星燃烧很长时间，对于太阳这将是100亿年，这是太阳寿命的一半。恒星核中的核燃料维持着这种反馈机制，它的燃烧率与恒星质量的立方成正比。这样，如果一个恒星的质量是太阳质量的10倍，那么它的燃烧率就是太阳的1000倍，燃烧得更明亮，但也更短。对于任何尺寸的恒星，只要热和引力之间的平衡被打破，坍缩就将是不可避免的了。

尺寸像太阳那么大或质量只有太阳质量5/7的恒星将变成白矮星。白矮星大小如地球，却具有太阳那么大的质量，它将不再坍缩，因为量子力学中的泡利不相容原理在起作用，电子防止了恒星密度的增加。更大的恒星将坍缩得更厉害，常缩小到直径只有16.1千米，它们被称为"中子星"，因为它们的核是由电中性的亚原子粒子组成的。中子星旋转得非常快，能达到1000周/秒，如果它们还有一个磁场的话，那么它们将产生很强而又短促的无线电波束，这使它们得到了"脉冲星"的名称。

更大的恒星可能具有很大的质量，以致它们演化成的白矮星或中子星会继续坍缩下去，这样就将形成黑洞。任何物体包括光，都逃不脱黑洞的吸引，只要它们离黑洞的视界足够接近，它们就会被吞噬。支配宇宙的正常的引力规律在视界处转变为支配黑洞的规律。黑洞是这样一个奇点，在其内部区域特殊的规律起着作用。已有许多不同的理论尝试着详细说明

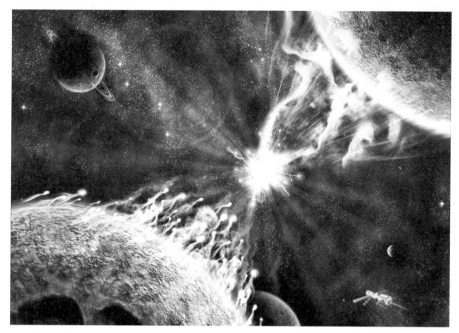

黑洞想像图

黑洞内部所发生的一切。甚至连好莱坞都参与其中，这在迪斯尼公司1979年的电影《黑洞》中有所表现。虽然这部电影视觉上非常壮观，但却傻得可爱。一些宇宙学家认为，任何掉入黑洞的物体将被拉长，像面条一样，而另一些人则想象着通过黑洞旅行到另一个不同世界的可能性。许多聪明的人为此做了无数的计算，但遗憾的是，还没有人真正知道将发生什么。考虑到宇宙大爆炸理论的某些方面，我们所面对的奇点为描述黑洞提供了一些线索。不管对黑洞的数学描述有多么精致，它只是一个想象的现实。

自惠勒转而支持黑洞这个想法以来，无数的宇宙学家尽力想弄懂这些奇怪的星体的本性。20世纪七八十年代，直到90年代，关于黑洞的理论层出不穷，引起争论不断。有关的理论很多了，但却存在一个问题：人们还未观测到黑洞。

天文学家观测黑洞存在一个固有的问题。从黑洞的定义可知，它们不能被观测到，只能从它们周围的其他恒星和星系的表现来推断黑洞的存在。随着1994年对哈勃望远镜的修复和x射线望远镜的发展，人们不断进行观测，积累有用的信息。20世纪90

年代后半期，根据记录的数据许多有关黑洞的预言都被证实。几乎所有的宇宙学家都认为我们已拥有了证明黑洞存在的证据。然而事情常常是这样的，当不断获得新的信息时，它在解决问题的同时也不断地带来新的问题。

自1974年天鹅座X-1被普遍认为是黑洞的最佳候选者以来，天文学家就一直在这方面不懈地努力着。天鹅座X-1是一个由两颗恒星组成的双星系统，这样的系统在宇宙中很常见，但天鹅座X-1的特别之处在于：用光学手段进行观测时，一颗恒星很亮，但用X射线进行观测时就变得很暗了；另一颗正好相反，光学观测时很暗，X射线观测时就很"亮"。前一颗恒星看来在绕后一颗旋转。利用数学公式，会发现那颗暗星太重，不会是中子星，非常可能是一个黑洞。20世纪80年代中期，天文学家收集了大量有关天鹅座X-1的信息，致使索恩和霍金为它是不是黑洞而打赌。如果是黑洞，霍金要为索恩订杂志《雨篷》；如果不是黑洞，索恩要为霍金订讽刺杂志《个人观点》。到1990年，增加的证据使索恩认为，他有95%的机会是对的，但他并不希望霍金认输。然而，索恩还是写道："1990年6月的一个深夜，当我在莫斯科与同事进行研究时，霍金及其随从闯进了我在加州理工的办公室，找到了打赌的凭证，写了一个认输的便条，并加盖了霍金的拇指印。"

天鹅座X-1是黑洞这一结论，既有从哈勃望远镜得到的光学观测证据，也有X射线观测证据。其他的新信息更具有挑战性。正如一些天文学家所预言的，20世纪90年代后期的观测证据表明存在两种不同的黑洞。科学家正在找的不仅是具有天鹅座X-1这样典型双星系统质量的黑洞，还包括质量为10亿倍太阳质量的黑洞。这样的超级黑洞不断在星系中心被发现。这些都是通过测量黑洞周围被黑洞所吞噬的高速旋转气体的速度得到的。

结果表明，星系越大，其中心的黑洞就越大。并且，这些超级黑洞好像只存在于椭圆状星系的中心，而且星系中心有一个致密的恒星群突起，没有中心突起的星系则没有黑洞。银河系有一个相对较小的中心突起，它有黑洞，但黑洞的质量只有几个太阳那么大。不管黑洞很大，还是相对较小，从所观测到的数据来看，黑洞的质量只相当于星系中心突起部分质量的0.2%。

宇宙学家检验着这些证据，并越来越确信黑洞可能是形成它周围星系

漩涡星系中心的超大质量黑洞

的种子。在一个小组发现了三个超级黑洞后，小组的领导、密歇根大学的里奇斯通于2000年1月说道："不知何故，这些黑洞在决定它们的质量时，它们似乎知道它们所处的星系的质量；或者，当星系正在形成时，它知道它周围黑洞的质量。"在量子层次上，人们早就认识到电子能知道彼此在做些什么，但在星系尺度上发生这种情况同样使宇宙学家感到既神秘又兴奋。现在，这就是一个先有鸡还是先有蛋式的争论：是先有星系还是先有黑洞呢？有些科学家认为先有黑洞，另一些科学家则认为它们是交错发展的。

回到1939年，奥本海默和斯奈德发表文章表明存在黑洞时，受到了其他宇宙学家的嘲笑。渐渐地，越来越多的科学家开始认为确实存在黑洞。但直到20世纪90年代后期，哈勃望远镜才开始清晰地观测星系，确定黑洞的存在。然而，黑洞仅仅是刚刚开始透露它们的秘密，与此同时它们又在增加新的秘密。那么，黑洞究竟是什么呢？在整个20世纪里，人们也没能弄明白这个问题。

宇宙射线从哪里来

所谓宇宙射线，指的是来自于宇宙中的一种具有相当大能量的带电粒子流。1912年，德国科学家韦克多·汉斯带着电离室在乘气球升空测定空气电离度的实验中，发现电离室内的电流随海拔升高而变大，从而认定电流是来自地球以外的一种穿透性极强的射线所产生的，于是有人为之取名为"宇宙射线"。宇宙射线和地球的许多现象都有关系。但是这个20世纪命名的射线，并没能在20世纪找到它产生的地方。

初生的地球，固体物质聚集成内核，外周则是大量的氢、氦等气体，称为第一代大气。

那时，由于地球质量还不够大，还缺乏足够的引力将大气吸住，又有强烈的太阳风（是太阳因高温膨胀而不断向外抛出的粒子流，在太阳附近的速度约为每秒350~450千米），以氢、氦为主的第一代大气很快就被吹到宇宙空间。地球在继续旋转和聚集的过程中，由于本身的凝聚收缩和内部放射性物质（如铀、钍等）的蜕变生热，原始地球不断增温，其内部甚至达到炽热的程度。于是重物质就沉向内部，形成地核和地幔，较轻的物质则分布在表面，形成地壳。

初形成的地壳比较薄弱，而地球内部温度又很高，因此火山活动频繁，从火山喷出的许多气体，构成了第二代大气即原始大气。

原始大气是无游离氧的还原性大气，大多以化合物的形式存在，分子量大一些，运动也慢一些，而此时地球的质量和引力已足以吸住大气，所以原始大气的各种成分不易逃逸。以后，地球外表温度逐渐降低，水蒸汽凝结成雨，降落到地球表面低凹的地方，便成了河、湖和原始海洋。当时由于大气中无游离氧（O_2），因而高空中也没有臭氧（O_3）层来阻挡和吸收太阳辐射的紫外线，所以，紫外线能直射到地球表面，成为合成有机物的能源。此外，天空放电、火山爆发所放出的热量，宇宙间的宇宙射线（来自宇宙空间的高能粒子流，其来源目前还不了解）以及陨星穿过大气层时所引起的冲击波（会产生摄氏几千度到几万度的高温）等，也都有助于有机物的合成。但其中天空放电可能是最重要的，因为这种能源所提供的能量较多，又在靠近海洋表面的地方释放，在那里作用于还原性大气所合成的有机物，很容易被冲淋到原始海洋之中。

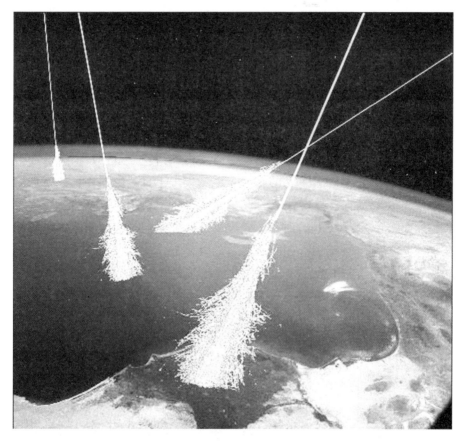

宇宙射线轰击大气层

虽然当宇宙射线到达地球的时候，会有大气层来阻挡住部分的辐射，但射线流的强度依然很大，很可能对空中交通产生一定程度的影响。例如，现代飞机上所使用的控制系统和导航系统均由相当敏感的微电路组成，一旦在高空遭到带电粒子的攻击，就有可能失效，给飞机的飞行带来相当大的麻烦和威胁。

还有的科学家认为，长期以来普遍受到国际社会关注的全球变暖问题，很有可能也与宇宙射线有直接关系。这种观点认为，温室效应可能并非全球变暖的唯一罪魁祸首，宇宙射线有可能通过改变低层大气中形成云层的方式来促使地球变暖。这些科学家的研究认为，宇宙射线水平的变化可能是解释这一疑难问题的关键所在。他们指出，由于来自外层空间的高能粒子将原子中的电子轰击出来，形成的带电离子可以引起水滴的凝结，从而可增加云层的生长。也就是说，当宇宙射线较少时，意味着产生的云层就少，这样，太阳就可以直接加热地球表面。

对过去20年太阳活动和它的放射性强度的观测数据支持这种新的观点，即太阳活动变得更剧烈时，低空云层的覆盖面就减少。这是因为从太阳射出的低能量带电粒子（即太阳风）可使宇宙射线偏转，随着太阳活动加剧，太阳风也增强，从而使到达地球的宇宙射线较少，因此形成的云层就少。此外，在高层空间，如果宇宙射线产生的带电粒子浓度很高，这些带电离子就有可能相互碰撞，从而重新结合成中性粒子。但在低空的带电离子，保持的时间相对较长，因此足以引起新的云层形成。

此外，几位美国科学家还认为，宇宙射线很有可能与生物物种的灭绝与出现有关。他们认为，某一阶段突然增强的宇宙射线很有可能破坏地球的臭氧层，并且增加地球环境的放射性，导致物种的变异乃至于灭绝。另一方面，这些射线又有可能促使新的物种产生突变，从而产生出全新的一代。这种理论同时指出，某些生活在岩洞、海底或者地表以下的生物正是由于可以逃过大部分的辐射才因此没有灭绝。

今天，人类仍然不能准确说出宇宙射线是由什么地方产生的，但普遍认为它们可能来自超新星爆发，来自遥远的活动星系；它们无偿地为地球带来了日地空间环境的宝贵信息。科学家希望接收这些射线来观测和研究它们的起源和宇宙环境中的微观变幻。

宇宙射线的研究已逐渐成为了天体物理学研究的一个重要领域，许多科学家都试图解开宇宙射线之谜。可是一直到21世纪的今天，人们都并没有完全了解宇宙射线的起源。

是否存在多个宇宙

著名科幻作家威廉姆森在1952年的著作《时间兵团》中预言了理论科学中的一个事件。

威廉姆森是二战后最富有想象力的科幻小说作家之一，与那些把科幻小说建立在自然科学基础上的人不同，实际上，他有很好的科学背景，但是他更喜欢把一些可能性极小的事情尽可能地扩展。他在《时间兵团》中就是这样做的，这是一部关于在并行宇宙中往返的故事，科学作家约翰·格里宾在他1984年关于量子物理学的著作《寻找薛定谔的猫》中写道："据我所知，这是第一次，在事实上或在科幻小说中，并行世界的想法（后来成为量子力学对多个世界的解释）出现在出版物中。"

"测地线有无限多可能的分支，这就是亚原子粒子测不准的原因"，这是威廉姆森对所发生的事情的部分解释。物理学家休·埃弗雷特在他1957年关于这一论题的著名的博士论文中写道："他不可能再取得任何进展了，尽管他的工作是建立在可靠的数学基础之上的。"埃弗雷特的论文引发了一场大规模的争论，他在论文中指出宇宙在演化时可能在不断分裂，创造了无限多个宇宙。但是认为这些宇宙是并行的想法是不正确的，相反，每一个宇宙可能是从前一个宇宙中分出来的，新的宇宙又继续发生分裂。在一个宇宙（我们所处的宇宙）中林肯可能被约翰·威尔克斯·布斯刺杀了，但是在另一个宇宙中，林肯身上的伤可能不是致命的，在另一个别的宇宙中，他可能根本没被人刺杀，而在其他宇宙中，也许林肯和布斯都不存在。在有的宇宙中可能美国根本不存在，在另外的宇宙中，人类可能还没有出现。

物理学家布赖斯·德威特是这一理论的拥护者，他坦率地说："每一个发生在每一个恒星、星系和宇宙的遥远的角落的量子跃迁，都把我们地球上的本地世界分裂成无数个副本。我能清楚地回想起我第一次听到多个世界的观点给我带来的震撼一。"按常理，实际上我们对于"真实性"的直觉可能会使我们起来反对这个观点。正因为这个原因，许多物理学家不能接受它。但即使是那些不能接受它的人也承认它在数学推理上并没有错误——用量子理论来解释也是可行的。就像我们在第十五章所讲述的那样，新的实验性的研究表明，量子物理学可以应用于我们已知的有形世界中，同样也可以在亚原子级得到应用。

多世界理论不被大家所接受，有一部分原因是因为它的复杂性和似乎不可验证性——根据定义，多个世界之间似乎没有联系，要证明多世界的存在是不可能的。我们先来同顾一下暴涨理论，它所描述的关于宇宙大爆炸后发生的情形也是很复杂和无法验证的，但是物理学家还是接受了它。为什么就不能接受多个宇宙的理论呢？这两个新颖的理论受欢迎的程度的差异在于暴涨理论解决了宇宙学家的一些问题，这样他们愿意接受这样的理论，尽管这个理论是无法验证的。而多宇宙理论可能作为量子力学的数学解释是有意义的，但它不能解决任何问题——相反，它只能带来新的问题，这样一来，最好的办法是忽视它。抱有同样想法的读者将不乏同盟者——因为这正是多宇宙理论的拥护者反复强调的。约翰·惠勒是氢弹制造的监督者，也是"黑洞"这个名字的提出者，他是休·埃弗雷特的导师，他对埃弗雷特多世界理论的建立作出了贡献，但他最终站出来反对这个理论，原因是他认为这个理论需要背上许多形而上的包袱。

惠勒自己也得出了一个多宇宙的结论，但与埃弗雷特的不同。按他的观点，宇宙膨胀到某种程度后便开始收缩，收缩的最终结果是宇宙的密度和温度都变得无穷大——于是一次新的大爆炸不可避免地发生了。但是，接下来形成的宇宙完全不同于以前的宇宙，这种过程周而复始，永无止境。

在这个新宇宙中所有的物理规律与我们现在所知的完全不同，牛顿定律和爱因斯坦的相对论将不再适用。实际上正如《秘密的旋律》中写的那样："在大多数的宇宙中将不再具有智慧生命产生的条件，我们的宇宙碰巧具备了这样的条件……惠勒用一个

无数次继承的宇宙观代替了埃弗雷特狂乱的多宇宙复制品宇宙观，但是它们在思想上是一致的，即有无穷多个宇宙，物理常数、宇宙的初始条件甚至是物理定律都可能是随机变化的，而且，这些宇宙是完全互相不联系的。"

斯蒂芬·霍金与埃弗雷特有相同的想法，仍然是多个宇宙的观点，但是，让一些宇宙学家更容易接受。正如米其奥·卡库于1994年在他的著作《超空间》中指出的，霍金一开始"与其说是一个量子理论学家还不如说是一个纯粹的经典相对论者"。换句话说，爱因斯坦的相对论和海森伯的不确定性原理融入了他早期的工作。多年后，霍金相信唯有量子理论才能帮他和其他物理学家找到近年来一直在寻找的"大统一理论"。这个理论将把量子理论和牛顿及爱因斯坦的理论都统一起来。

量子理论假定一个波函数，这个波函数包含一个给定的粒子的每一种可能的未来状态。霍金想把整个宇宙看作一个量子粒子，因为这种粒子有无限多种可能的状态，这也意味着存在无限多个宇宙。当大多数其他宇宙都死亡后，波函数似乎是我们宇宙的一部分（或许我们将不在这里思考这些事情，而是作为波函数的观测

斯蒂芬·威廉·霍金，英国剑桥大学应用数学及理论物理学系教授，当代最重要的广义相对论和宇宙论家，是当今享有国际盛誉的伟人之一，被称为在世的最伟大的科学家。

者）。但是，因为波函数固有的无限多可能性，别的地方仍然有可能已经产生了另一个宇宙，甚至比我们的宇宙更"优越"，这种可能性是存在的。在另外一个假想的宇宙上，我们正在苦苦思索的问题说不定已经被比我们智慧的生物解决了。

就像埃弗雷特的分岔宇宙一样，

霍金的多个宇宙也是无法计数的、彼此独立的、离散的泡泡。在埃弗雷特的方程中，我们以自己的行为创造了新的宇宙，在其中我们被分割成几个现实，尽管在走向永恒的路上，新的分岔将不包括你我或物理学家，在那个宇宙中的量子粒子想必分得足够开，以至于已经把我们统统甩开了。

考虑一个现实但很可怕的例子，我们将被很快杀死，因为在另一个分岔宇宙中，由醉鬼驾驶的迎面而来的汽车将把我们撞死而不是避开我们。

埃弗雷特的分岔宇宙理论的确令许多人感到不安——包括物理学家，也包括水管工人和银行出纳，因为它剥夺了自由意志。不管我们做什么，新的宇宙将被创生，在其中我们无能为力。在一个或另一个分岔宇宙中，我们每一个行动的所有可能都存在。那么，无论我们做什么都无关紧要？我们的选择，无论是好是坏，将不再作数。物理学家发现这个观点格外令人厌烦！毕竟，他们的生活是在试图弄清事情的真相。如果所寻求的答案是一个宇宙，其中每一种答案在其各自现实中都处于同等地位，这将多么令人泄气！

另一方面，分岔宇宙理论对那些因过去的生活一去不复返而闷闷不乐的人来是说很诱人的。知道自己在另一个宇宙中成了一个医生而不是因为考试不及格而从医学院退学；说服自己初恋的情人嫁给自己而不是被那个假冒的求婚者捷足先登；自己成了一位畅销书作者而不是阁楼上堆满了未能出版的手稿的倒霉者该是多好的事情。在某些地方足球被接住了，蛋奶酥涨价了，小伙子的微笑不见了，升职被同意了，把这些都带走不是一个好主意，因为明天也许是一个噩梦。

到此为止，我们见识了杰出的物理学家提出的多宇宙理论，它们在数学上是可行的。尽管一些物理学家不喜欢它们的含义，但对此还是严肃对待。这些宇宙理论有：埃弗雷特的分岔宇宙、霍金的泡泡宇宙、惠勒的无尽的再生宇宙（这些宇宙膨胀、收缩，然后在大爆炸中重生，宇宙所有的一切也随之而改变）。但仍有另外一种多宇宙的可能性，没有人从数学上证明它的存在，但根据量子理论，它也是可能存在的。

真的存在多个宇宙吗？许多科学家认为肯定存在，但是因为我们无法与它们取得联系，不同的物理学家便构造许多数学上似乎合理的场景去描绘它们可能的样子。因为这种宇宙的含义如此令人不安，它们背负了太多"形而上的包袱"，所以约翰·惠勒说，相当多的物理学家认为：对这类思想的探索本质上是浪费时间，不如把这类素材留给哲学家和科幻小说作家。但是霍金、埃弗雷特以及其他人感到，除非这种可能性能受到重视和处理，否则与我们的存在的局限性有很大关系的问题之答案永远无法发现。哲学家艾伯塔斯·马格努斯说："存在许多世界吗？还是只有一个？这是在研究自然中最高贵的问题之一。"这将毫无疑问属于那些一直不停地询问的人，不管答案有多么奇特。

"阿波罗登月"之谜

1999年7月中旬，墨西哥《永久周刊》科技版刊载了俄罗斯研究人员亚历山大·戈尔多夫发表的题为《本世纪最大的伪造》的文章，对美国31年前拍摄的登月照片提出质疑。不仅许多报刊纷纷转载了这篇文章，而且立刻引起了广大读者的密切关注。

一时间，沉寂了一阵的关于阿波罗登月真伪的讨论再次火热起来。据美国一家权威的社会调查机构统计，竟有10％（约2500万）的美国人认为：所谓阿波罗登月，是美国宇航局制造的一个大骗局。

奇怪的是，迄今为止未看到美国官方对此有任何正式反应。当时还活着的美国宇航员尼尔·阿姆斯特朗为何不让他出来澄清事实？是美国对此根本不屑一顾，还是确有难言之隐？各国新闻媒体颇有要对此进行一番调查采访的势头。

按照被普遍接受的观念，20世纪50年代末至60年代初，在航天竞赛中处于劣势的美国人决心不惜一切代价，重振昔日科技和军事领先的雄风。

1961年，美国总统肯尼迪正式宣布，美国要在20世纪60年代末实现把人送上月球的目标。这就是举世闻名的"阿波罗登月计划"。

1969年7月16日上午，巨大的"土星5号"火箭载着"阿波罗11号"飞船从美国肯尼迪角发射场点火升空，开始了人类首次登月的太空飞行。参加这次飞行的有美国宇航员尼尔·阿姆斯特朗、埃德温·奥尔德林、迈克尔·科林斯。

在美国东部时间下午4时17分42秒，阿姆斯特朗的左脚小心翼翼地踏上了月球表面，这是人类第一次踏上月球。接着他用特制的70毫米照相机拍摄了奥尔德林降落月球的情形。他们在登月舱附近插上了一面美国国旗，为了使星条旗在无风的月面看上去也像迎风招展，他们通过一根弹簧状金属丝的作用，使它舒展开来。接着，宇航员们装起了一台"测震仪"、一台"激光反射器"……在月面上他们共停留21小时18分钟，采集

尼尔·阿姆斯特朗、埃德温·奥尔德林、迈克尔·科林斯

了22千克月球土壤和岩石标本。7月25日清晨，"阿波罗11号"指令舱载着三名航天英雄平安降落在太平洋中部海面，人类首次登月宣告圆满结束。

然而，时隔30多年，戈尔多夫却公开发表文章对美国拍摄的登月照片表示怀疑。他认为，所谓美国宇航员在月球上拍摄的所有照片和摄像记录，都是在好莱坞摄影棚里拍摄的。他强调，他是在进行了认真的科学分析和认证后作出这一结论的，其主要理由如下：

1．没有任何一幅影像画面能在太空背景中见到星星；

2．图像上物品留下影子的朝向是多方向的，而太阳光照射物品所形成的阴影应是一个方向的；

3．摄影记录中那面插在月球上的星条旗在迎风飘扬，而月球上根本不可能有风把旗子吹得飘起来；

阿波罗号飞船登月舱

4．从摄影纪录片中看到宇航员在月球表面行走犹如在地面行走一样，实际上月球上的重力要比地球上的重力小得多，因而人在月球上每迈一步就相当于人在地面上跨跃了5至6米远；

5．登月仪器在"月球表面移动"时，从轮子底下弹出的小石块的落地速度也同地球发生同一现象的速度一样，而在月球上这种速度应该比在地球上快6倍。

戈尔多夫表示，他质疑30多年前美国宇航员"拍摄"的登月照片和摄像记录，并不是否定当年美国宇航员登月的壮举。他认为，美国宇航员当时是接近了月球表面，但因技术原因未能踏上月球。由于当时美国急于向全世界表功，因而伪造了多幅登月照片和一部摄影纪录片，蒙蔽和欺骗了世人几十年。他说，美国著名工程师拉尔夫·勒内、英国科学家戴维·佩里和马里·贝尔特都对他的这一质疑表示赞同。无独有偶，自称参与了阿波罗计划工作的比尔·凯恩教授曾写了一本名为《我们从未登上月球》的书，书中对阿波罗登月计划也列举了一些疑点，甚至认为：载有宇航员的火箭确实发射了，但目标不是月球，而是人迹罕至的南极，在那里指令舱弹出火箭，并被军用飞机回收。随后宇航员在地球上的实验室内表演登月过程，最后进入指令舱，并被投入太

阿波罗11号飞船登月

平洋，完成整个所谓的登月过程。

真实与骗局，就像硬币的正面与反面，永远走不到一起。"阿波罗登月计划"是否是一场骗局的问题，在美国引起了强烈反响。以著名物理学教授哈姆雷特为代表的人士肯定"骗局论"，他们认为阿波罗登月造假的依据有：

1. 阿波罗登月照片纯属伪造！

根据美国宇航局公布的资料计算，当时太阳光与月面间的入射角只有6～7度左右，但那张插上月球的星条旗的照片显示，阳光入射角大约近30度。照片中出现的阴影夹角应该在"跨出第一步"后46小时才可能得到。

2. 阿波罗登月录像带在地球上摄制通过录像分析，宇航员在月面的跳跃动作、高度与地面近似，而不符合月面行走特征。

3. 月面根本没有安装激光反射器。根据美国某天文台的数据可以计算得知，在地球上用激光接收器收到的反射光束强度只是反射器反射强度的1/200。其实，这个光束是由月球本身反射的。也就是说，月球上根本没有什么激光反射器。

4. 阿波罗计划进展速度可疑。美国直到1967年1月才研制出第一个"土星五号"，1月27日进行首次发射试验，不幸失火导致三名宇航员被熏死。随后登月舱重新设计，硬件研制推迟18个月，怎么可能到1969年7月就一次登月成功呢？

5. 对"土星五号"火箭和登月舱的质疑。现代航天飞机只能把20吨载荷送上低轨，而当年的"土星五号"却能轻而易举地把100吨以上载荷送上地球轨道，将几十吨物体推出地球重力圈，为什么后来却弃而不用，据说连图纸都没有保存下来？

6. 温度对摄影器材的影响：月面白天可达到121℃，据图片看，相机是露在宇航服外而没有采取保温措施。胶卷在66℃就会受热卷曲失效，怎么拍得了照片？

这些人士认为，对以上这一切美国政府一直没个交代，而知情者由于担心生活和安全受到影响，甚至可能直接遭到了胁迫，至今对此沉默不言。但相信不久的将来，诞生于美苏

太空竞赛年代的"登月骗局"定会水落石出。

不过，也有许多人认为"阿波罗"登月计划不可能造假。首先因为该计划当时是在全球实况转播的，近亿人亲眼看到。另外，宇航员还从月球带回了一些实物，如岩石。

其次，美国政府不会拿信誉开玩笑。如果是一次骗局，他们根本不需要冒这么大的风险实况转播，而只需事后发表一些照片即可。否则万一有个闪失，美国政府要承担很大后果，甚至会名誉扫地而一蹶不振。

第三，美国宇航局有成千上万的科技、工程人员，绝大多数人都会持科学的态度，不会视严肃的科学问题为儿戏。如果登月计划是一场骗局，不仅全体参与者的人格将受损，而且，让几万人守着谎言过几十年，实非易事。

此外，美国的传媒几乎是无孔不入。假如政府有欺骗行为，各大媒体一定会大做文章。而至今美国新闻界并没有对此大肆渲染，其中必有一定道理。

再就是揭露证据还不充分。有人指出，哈姆雷特的理由是不够严谨的。用几张照片和录像来判断登月是骗局，如同用数学归纳法来证明哥德巴赫猜想一样可笑。

在激烈的争论中，1999年7月20日，美国政府在华盛顿国家航空航天

博物馆举行仪式，纪念人类首次登月30周年。美国副总统戈尔向当年乘"阿波罗11号"在月球着陆的3名宇航员授予了"兰利金质奖章"，以表彰他们为航天事业作出的贡献。这多少表示了美国政府对此的态度。但是，阿姆斯特朗依然拒绝参加任何记者招待会、签名或合影，30年来，他选择了沉默。这又给人们留下了一个巨大的疑惑。那么美国宇航员首次登月是否着陆了？美国登月是否真的是一场骗局？人们急切地期待着真正的答案。

宇宙将如何终结

一般认为，太阳大约已存在了46亿年，作为恒星它大致还能活多长时间呢？太阳只是一个普通的恒星，宇宙中有上十亿颗这样的恒星。这样的恒星不断地死亡，又不断地诞生。通过观察在宇宙早期诞生的类似恒星的残骸，我们可以相当准确地知道太阳死亡时的情景。

在大约40亿年间，我们的太阳将耗尽其中心的燃料——氢。然后，它将开始收缩，并重新振作起来：其中的氢核将三个三个地聚合成C12，而这种新燃料将再燃烧20亿年。此时，当太阳继续存活时，地球已不再存在了。因为新燃料将使太阳变大100倍，将地球化为灰烬，被这个红色的巨星吸收。最终，当氢转化为C12的过程结束后，我们的太阳将再次收缩，变成一个暗淡的白矮星。再过几十亿年，白矮星将逐渐冷却下来，并最终变成一个称为黑矮星的死星。

然而，其中还存在一个问题，一个被称为"太阳中微子失踪"的谜。泡利于1931年假定存在中微子，是因为他需要用它来解释原子辐射产生电子时失去的那一小部分能量。根据能量守恒定律，原子辐射的能量和电子带走的能量应相等，所以他认为一定存在一种"幽灵粒子"，它带走了失踪的那部分能量。中微子"偷走了"能量。人们用了20多年的时间才证实中微子的存在。中微子不带电，分三种类型，具有不同的质量。

太阳发射出大量的中微子，这是由太阳中心核聚变产生的。它们像幽灵一样，是非常难以探测到的，但几个不同类型的实验都确认它们确实来自太阳，穿过地球以及我们的身体，然后进入太空。但是，它们的数目还不够。根据探测中微子的实验，1/3到1/2太阳产生的中微子失踪了。不知何故，这些"偷走"能量的粒子自己在太阳和地球间失踪了一部分。

这个问题已存在30年了。由于所有的证据都支持太阳的能量来自其中的核聚变，故失踪中微子之谜最终将通过改进实验得到解决，而不会对现今流行的太阳模型提出挑战。然而，一些对宇宙怀有新观点的科学家强烈地反对演化理论，他们以失踪中微子作为论据，认为太阳能量并非来源于核聚变，因而太阳要年轻得多。年轻的太阳意味着年轻的地球，年轻得无需演化的概念。他们的论据被无数主流科学家大加批驳；许多的证据显示太阳确实已有46亿年了，且只过了其一生的一半时间，不光是否有失踪中微子这件事存在。

在太阳死亡之前，银河系将吃掉大麦哲伦星云，并将与仙女座发生猛烈撞击。大麦哲伦星云距我们只有15亿光年远，因引力作用而不断向银河系靠拢，在30亿年内被银河系吞噬，给银河系增加100万颗恒星，它们在7亿年后的银河系和仙女座碰撞中非常有用。空间是浩森无边的，因而星系在碰撞过程中损失小得惊人。当然，一些恒星会相撞，这对于附近的行星而言非常可怕，但行星被撞的概率很小。

更大的问题是宇宙到底在膨胀还是在收缩。这是人们最近争论的焦点。毕竟，直到1925年哈勃发表了关于"宇宙岛"的文章后，我们才知道除了我们的银河系还有其他的星系存在。当爱因斯坦发展广义相对论时，即便是他也假设宇宙中只存在一个星系，并且是静止的。然而当他的公式表明（一个星系的）宇宙应当膨胀时，他引入了宇宙常数以使宇宙不膨胀。一旦哈勃证明存在许多相互远离的星系，这意味着宇宙在膨胀，爱因斯坦就抛弃了宇宙常数，悔恨没能首先相信自己。

后来，有关膨胀宇宙的新观点出现了。一些宇宙学家争辩道，宇宙可能现在正在膨胀，但最终它将停止膨胀，然后收缩下去。当人们在20世纪20年代后半期开始认真对待大爆炸理论，并于20世纪80年代普遍接受它时，许多科学家相信大爆炸产生的向外推动的能量最终将消失，宇宙膨胀将逐渐慢下来，停止，走向反面，所有的恒星和星系将向内收缩、挤压。宇宙收缩将再次使宇宙逐渐变得致密、炙热，最后变成包括宇宙中所有质量和能量的点。这又为另一次大爆炸做好了准备。这种观点的强有力支持者是美国物理学家惠勒。根据他的理论，这种过程循环往复，每次大爆炸产生的宇宙中的规律都完全不同，因为在量子层次上一个电子的轻微变动就足够改变万物的本性。

对于许多宇宙学家而言，这种循环模式具有很强的哲学上的吸引力，并且它的数学也很完美。在许多地方都曾流传着凤凰从自己的灰烬中再生的神话。在讨论宇宙终结的问题时，它又让惠勒的观点占有了很大的心理吸引力。再生是一个诱人的想法，即使是在讨论宇宙的问题时。

在太阳死亡之前，银河系将吃掉大麦哲伦星云，并将与仙女座发生猛烈撞击。

另一种观点认为，宇宙的这种循环演化看上去很好，但与我们的观察不一致，并且宇宙的终结将是个意义不大的命题。这种观点认为，宇宙将永远膨胀下去。（宇宙最终将膨胀成完全真空，这使常人很困惑，但对于宇宙学家却很清楚。）当星系彼此之间越来越远时，产生新星系的碰撞将不会发生。星系间的寒冷的真空将越来越大，星系中的恒星将逐渐燃尽燃料，正像太阳一样。比我们的太阳大1.4倍的恒星将经历一个更剧烈而长期的死亡过程，但它们也将用光它们所有的能量。

在1万亿年后，在黑暗的宇宙中只存在死星和黑洞。即便这样，由于没完没了的引力作用，在大爆炸之后

几百亿亿年后，宇宙将再一次进行焰火表演。这将持续约10亿年，还不到目前地球年龄的1／4，然后经历一段难以想象的时间后，宇宙将彻底地黑暗、寒冷下去，连幸存的黑洞都消失了。这个过程将持续多久呢？正如有的科学家所指出的："为了写下这个数字，我将不得不在1后面跟上足够多的0，这些0的数目将与我们已观测到的宇宙中数千亿个星系的氢原子数相当。"最后剩下的将是辐射和忽隐忽现的虚量子粒子。

2000年新发现的证据表明，宇宙膨胀的速度比以前想的要快，这可能缩小了我们这里所讲到的时间范围。并且，所有的可能性都能改变以上观点。正如我们在前文中提到的，

对于宇宙年龄这个问题，人们可以进行各方面的质疑，甚至连测量技术都正被质疑。量子物理学正向我们揭示的仅仅是亚原子世界的奇怪现象。一个电子可同时处于两个地方，并且看上去电子能与远处的电子进行通信，通知另一个电子当观察者出现后如何反应。当新千年开始时，人们对20世纪科学的成就大加赞赏。在这100年中，人类已对宇宙和其组成部分了解许多，大的小的，从星系到基因，比以往任何时代了解得都多。在庆祝的同时，我们也应记住我们还有许多问题没有弄清楚。

大爆炸理论只是一个理论，其中的大部分是不可检测的。

我们关于地球上生命如何起源的想法非常模糊。

我们相信我们最终知道了是什么导致了恐龙的灭绝，但在其发生灭绝的时间内又发生了什么呢？

我们已较好地了解了地球的内部，但我们仍不能以一种有效的方式来预测地震。

影响冰川期的一些因素已被了解，但它们之间的关系还不清楚。

关于恐龙是温血动物还是冷血动物的争论越来越热，而不是越来越冷。

关于人类演化的记录中仍存在着许多的空白。

人类突然跃向文明仍是一个很大的难题。

我们还未知道我们如何获得语言的。

一些科学家猜想海豚具有与我们差不多的智力并能教我们许多，这只有在我们能够与它们进行交流的基础上才可能。

鸟类迁徙对我们来说仍是一件奇妙的事，也许是令人满意的那种。

玛雅人在天文学和历法上的神秘成就表明知识进步的程度依赖于它被看成什么。

科学家还未能将引力与其他三种基本力统一起来。

光看上去有时是波，有时是粒子，其中的分界线仍是理论上的。

量子物理学为一只既活又死的猫所困扰。

现在可以肯定存在黑洞，但我们并不确切知道其内部发生着什么。

宇宙的年龄还悬而未决。

已经假定存在这么多的维度使20世纪初第四维的出现显得有点奇怪。

还有，我们想知道宇宙是如何终结的。考虑这么多科学未决之谜是不是有点过虑了？但这是我们活着的一种乐趣。我们想知道所有事物，并且坚持去寻找事物的答案。而且我们期待着21世纪可以解开这些谜题。

有趣的生物学之谜

YOUQUDESHENGWUXUEZHIMI

生命是如何开始的

相对于宇宙的年龄来说，地球和它所绕转的恒星（太阳）都是"晚辈"。一般认为，地球诞生的时候整个宇宙已经是110亿～160亿年高龄了（当然也有持怀疑态度的）。像所有行星的形成一样，地球开始形成时候的壮观程度简直超乎想象，甚至当地球成形后，其表面仍然保持融熔状态达6亿年之久。地球内受地核加热，外遭小行星撞击，致使温度升高，海水沸腾。地质学家把这个时期称为地球历史上的"地狱"时期，那时的地球确实像地狱。

过了相当长的一段时间后，持续不断的小行星撞击停止了，残余的小行星逐渐在轨道上安定下来，不再对地球构成大的威胁。这时，碳、氮、氢和氧的各种化合物开始"化合成氨基酸和其他构成生命的基本化合物"。正如诺贝尔奖获得者克里斯蒂安·德·杜弗在他于1995年所著的《至关重要的尘埃》中所写："这些化合物随着降雨、彗星和陨石散落在毫无生命的地球表面，形成一张有机物之毯"。结果，这个富含碳的薄层又受到地球和坠落在地球表面的天体

的"搅拌"，并遭到强烈的紫外线辐射。今天的紫外线的强度可不能与当初相比，由于有地球大气的阻挡，今天的紫外线辐射微弱多了。这些物质最终流入大海，正如著名英国科学家霍尔丹在他1929年的一篇著名论文中写的："原始海源成为一锅热的稀汤。"这个过程的主要副产品是一些棕红色的黏稠的东西，被命名为"黏性物"或"黏泥"或别的令我们想起童年时的操场之类的名字。那些长期以来反对查理·达尔文的关于人类是类人猿和黑猩猩近亲的理论的人恐怕受到这个最新的"侮辱"后要发疯了——人类最原始的祖先居然是"黏泥"！

因此，我们现在得到了像稀汤一样的海洋和许多无处不在的黏泥，那么生命是如何从这些原料中产生的呢？这就是谜题的开始之处。大家普遍承认RNA起了关键的作用，RNA即核糖核酸，与决定我们人类和其他所有生物的遗传物质DNA是近亲。但是，人们对生命是如何、何时、在何处起源的问题一直争论不休，先让我们大致看一下点燃争论之火的几个问题。

生物学家和化学家一直认为，自从大约38亿年前地球冷却和小行星雨结束后，生命至少花了10亿年的孕育

生命是如何开始的，是在火山、海洋、还是外太空？

时间。这意味着地球的生命史不超过28亿年。但是越来越多的地质学其至是化石证据表明，细菌远在此之前就存在了。格陵兰的Isua Formation组成了地球上最古老的岩石，据测定，年龄为32亿年，其中含有碳（这是所有已知的生物中最基本的元素）和细菌光合作用的特征。许多地质学家接受了生命存在于比这更早时期的观点——果真如此的话，比细菌更原始的有机体应该存在于更早的时期。比吉尔·拉斯穆森是澳大利亚西部大学的地质学家，他在澳大利亚西北部的皮尔巴拉·克拉顿发现了一种存在于35亿年前的微小的线状生物的化石，同时在澳大利亚西部的一个火山口发

现了32.35亿年前的"可能"为化石的东西。这些证据同时带来了一个严肃的问题：生命的起源将被推后到"地狱"时期结束后的20万年，在许多生物学家看来，这段时间对于化学过程来说未免太短了。

拉斯穆森的发现公布在1999年6月的《自然》杂志上，这个发现却使科学家陷入了进退两难的境地。因为生物分子（如蛋白质和核酸等）是生命之本，它们比较脆弱，在低温下可以存活很长一段时间，许多化学家始终坚持认为生命应该起源于低温，甚至是零度以下的环境中。但是拉斯穆森发掘出来的微小的线状生物的化石是在火山口附近，可见构成这种生物

的原料也应该来自火山口附近，那可是温度极高的地方啊。事实上，现在仍然活着的最古老的有机体是生活在火山口和温度高达230°F（110℃）的温泉里的细菌。这些古老火山细菌的存在，强有力地支持了由其他科学家提出的高温环境说。

低温环境观点的支持者之一是斯坦利·L·米勒，他于1953年在芝加哥大学做了一系列试验，这些试验为他赢得了声望。然后，他成为一名研究生，在诺贝尔奖获得者、化学家哈罗德·尤里门下学习。尤里因发现重氢（氘）而荣获诺贝尔奖。尤里相信地球早期大气是由氢分子、甲烷分子、氨分子和水蒸气等混合而成的，其中氢分子的含量最为丰富。（注意除了在水分子中含有氧以外，原始大气中不含氧分子。生物必须通过光合作用吸收二氧化碳，放出氧气，从而使得更复杂的生命形式得以形成。）米勒把尤里所提到的那些化学元素放在一个密封的玻璃容器里，然后对它们进行了几天的放电，用于模拟大气闪电。令他惊奇的是，玻璃容器中出现了略带粉色的辉光，在分析最终结果时，他发现了两种氨基酸（所有蛋白质的组成成分），还有一些其他的被认为只有活细胞才能产生的有机物。他的导师极不情愿地表示嘉许的

这个实验不仅使米勒成名，同时还创造了一个新的学科即非生物化学，该学科主要致力于从推测可能是生命出现之前的条件中制造生命物质。

"推测"这个词在这里是至关重要的，关于生命出现之前地球大气是什么样子的推测经常在变化。自从米勒1953年的实验完成以来，人们又做了很多实验，尽管制造出了一些不同种类的重要的分子，但是没有制造出任何可以称为生命的物质。正如德·杜弗在《至关重要的尘埃》中所提到的，这种实验是在人为的条件下进行的，在这些丰收成果中，米勒的起源实验堪称典范，实际上是唯一一个为了再现生命起源发生的条件而做的令人信服的实验，实验前根本不知道最终产物是什么。换句话说，要想把实验调整到可能产生一些产物是很容易的，但是条件本身可能有点太凑巧了。这种实验无论如何也没有制造出生命，甚至生命最简单的形式——没有细胞核的单细胞也没有制造出来。

探索生命起源的两个主要研究领域都存在较大的问题。不仅仅是生命最早开始出现的年代被一再往前推，以至于似乎没有足够的时间来发生创造生命的化学变化，而且那些化学反应本身也存在着许多谜。实际上，

尽管技术的发展日新月异，我们对遗传物质的了解也日益增多，但是1953年米勒的实验仍然是这类研究中最纯粹的范例。然而一些新的突破对米勒的实验提出了疑问，许多科学家认为米勒所利用的建立在他的导师哈罗德·尤里的工作基础之上的元素的平衡事实上是不正确的，如果打破这种均衡，正如在实验室所测定的，米勒所得到的氨基酸就不会产生了。

新的问题犹如乌云遮蔽了生物进化图景，这个图景曾经在"种系树"上似乎是如此清晰。种系树反映了生物的进化史，人们可以沿着它的枝干追根溯源。进化的种系树是达尔文在19世纪为了表示动物群的演化史而提出来的。

第一张复杂的种系树图谱是德国博物学家恩斯特·海克尔绘制的，他同时还创造了"生态学"这个词。DNA的发现使人们不仅可以绘制出动物和植物的种系树图谱，而且可以绘制出构成动植物的生命体的遗传物质的种系树图谱，它能使我们更深刻地理解生命的进化过程。为了绘制这些种系树图谱，研究者利用了一种比较测序的方法，首先测定一种生物体中组成核酸或组成蛋白质的氨基酸的分子的排列顺序，然后把它与另外一种生物体进行比较。利用这种技术，有

达尔文

可能发现种系树上的两根细"枝"的距离究竟有多远，并揭示出引发种系树"分出枝桠"（因为生物体的进化或突变）的机制是什么。这种技术也能帮助研究者确定现存的生活在高温火山口的古老的生物体的年龄。

20世纪70年代后期，伊利诺伊大学的卡尔·沃斯把比较测序方法应用到存在于所有生物体的RNA分子上，结果得到了一张比以前所猜想的要复杂得多的种系树图谱。

这棵种系树有三个明显的分支，描绘了三类基本的生物体：原核生物、古菌和真核生物。原核生物是细菌类的微生物，古菌是由沃斯提出的新的分类，它是第二组通常可在非常

鸟类

哺乳类

被子植物

爬行类

裸子植物

鱼类

圆口类

藓类

原索动物

节肢动物

苔藓

软体动物

棘皮动物

菌类

环节动物

腔肠动物

扁形动物

藻类

真核生物
原核生物

原生动物

细菌

兰藻

生物进化谱系树

热的地方，如滚烫的温泉发现的细菌类有机体。真核生物是具有大细胞的生物体，细胞中有一个与周围环境隔开的细胞核。真核生物包括所有多细胞生物体如动物和植物，当然也包括人类。

从20世纪80年代早期开始，随着这三类基本生物体的越来越多基因被解码，问题出现了。除了沃斯最初的蛋白质模型外，这些基于基因组的三类基本生物体的种族树图样都不同。另外，基因不断反复的现象令人惊奇，这种变化导致寻找所有基因的共同的祖先变得很复杂。更令人困惑的是，这表明原始基因，即导致生命起源的基因是相当复杂的，这种复杂性并非一个"起始"基因应有的。唯一可能的解释是假定在生命进化的早期，一些基因并非一直突变而形成一株一直向上生长并分出许多枝桠的种系树，而是在水平方向上发生交换。这一理论被现在所发现的一些事实所支持，例如，一些细菌能在水平方向上改变部分基因以使自己更具有抵抗抗生素的能力，这对人类来说是一件不幸的事。这个推论意味着生命之树并不具有一个挺拔的主干，而是在某些方面有点像杰克逊·波洛克（因"滴画法"而成为美国抽象主义的先驱）的绘画一样，这多少有点令人沮丧。

卡尔·沃斯并没有被吓倒，他认为长期以来被人们认为是生命的起点的单细胞生物体是由某种"社区"组成的，在"社区"里面，几种细胞可以用一种很随便的方式交换遗传信息。这种猜想使科学家感到很迷惑，这意味着细胞后来才发展成具有高度精确的基因复制能力，就像我们在DNA中所看到的那样。

这种"社区"最终将变成一种高消费"公寓"——每个房间都有不同的设计。但是这是什么时候发生的呢？

现在，专家们把不同时间赋予由DNA形成的树开始向上生长并分出枝桠的那些点上，时间跨度从最近的10亿年前到以前所猜想的40亿年前。就像关于宇宙起源的大爆炸理论一样，关于生命起源的理论也很复杂，特别是随着新的发现和测量方式促进了知识水平的提高，它变得更复杂了。因为这个原因，其他曾经作为空想而消失很久的对生命起源的解释仍有忠实的追随者。

我们的地球上的生命可能来自太空吗？当然，小行星、陨石和彗星含有一些构成生命的元素。有一种理论认为，地球上的生命来自于地球本身的材料和来自太空的材料的组合。但是这些组成生命的材料是一回事，生命本身又是另一回事。一些杰出的科学家提出，早期生命在来到地球以前就在太空中形成了，不仅仅是组成生命的元素而是完整的生命。1821年，居里昂·德·蒙特利佛尔特认为：地球上的生命起源于来自月球的种子；1890年，美国天文学家珀西瓦尔·洛韦尔（他准确地预言了冥王星的存在）坚持认为火星上存在运河，这些运河是火星上的智慧生物所挖掘的。发明了开氏温标的威廉姆·汤姆森

（开尔文爵士）在19世纪初提出，是陨石把生命带到了地球上。

没有谁像斯凡特·奥古斯特·阿雷尼乌斯一样为这些观点着迷，他是一个瑞典化学家，因在电化学方面的基础性工作而荣获1903年诺贝尔奖。他创立了生命起源的胚种论，这一理论认为：细菌孢子在一种休眠状态下在冰冷的宇宙中旅行，当它遇到合适的行星时便开始生长繁衍。阿雷尼乌斯不知道致命的宇宙射线可能会杀死细菌孢子。佛瑞德·霍伊尔大肆鼓吹另一种形式的胚种论，连同他的稳恒态宇宙理论。不过他的理论更离谱，他认为类似于1918年流行于西班牙的流感之类的流行性疾病是由于太空中的细菌造成的，人类的鼻子已经进化成能过滤这种太空诞生的病菌了。弗朗西斯·克里克（他与詹姆斯·沃森、莫里斯·威尔金斯一起，因发现DNA的双螺旋结构而获得了1962年诺贝尔生理学或医学奖）与研究生命起源前的化学的先驱者莱斯利·奥格尔一起甚至走得更远，他们认为生命是一些高等的外星文明"播种"在地球上的，他们称这个假想为"定向胚种论"。

有像克里克一样的诺贝尔奖获得者站在他们那一边，UFO狂热者当然会很高兴了，科幻小说作家也经常对这样的观点感兴趣。洛韦尔的火星运河在一定程度上给了韦尔斯创作著名的小说《星际战争》的灵感，该书出版于1898年。当许多著名的科学家直接或间接地批评胚种论的时候，另一些人更谨慎。克里斯蒂安·德·杜弗写道："有了这么多著名的支持者，胚种论就不会轻易消亡。"尽管他注意到这个理论还没有发现令人信服的证据。这个结论是他在1995年作出的，几年后，美国宇航局宣布了一项新发现，这一理论从此传遍世界。

美国宇航局宣布的新发现与1984年在南极洲发现的一些岩石有关，这些岩石是一些陨石碎块，称为SNCS，它是Shergotty-Nakhla-Chassigny的简称，这是最初三块陨石发现的地点。在记者招待会上，一块用来讨论的岩石放在一块蓝色天鹅绒垫子上展示，NASA的负责人丹·戈尔丁在招待会开始时致词："今天，我们正站在门口，打开这扇门，我们将知道生命是否是地球上唯一存在的。"他的这番话倒是吸引记者们注意的一个极好的途径。

然后NASA科学家介绍了有关这块岩石他们可以肯定的东西。经过测试，这块岩石大约形成于45亿年前的火星，埋在火星地下达5亿年，然后在陨石撞击火星表面时掉入水中，大约1600万年前，又遭遇了一次新的经历，那时在一个来自太空的天体，也许是一颗小行星的撞击下，部分火星外壳被撞击而进入太空。在太空中流浪了100万年后，那个外壳的碎片于1.6万年前坠入南极。1957年，在一部名叫《冰冻年代》的小说中，科幻小说家詹姆斯·布利什围绕一块在北极发现的岩石展开了他的故事，那块岩石是在两个世界的战争中被火星人摧毁的行星的残余物，故事中的男主人公高呼："宇宙历史就在一块方冰里"。这个在NASA的新闻发布会上讲述的故事还是缺少了一点戏剧性，尽管报社尽最大可能为它鼓吹。

NASA的岩石中包含碳酸盐，这与地球上由细菌形成的岩石类似，与细菌产物相似的细颗粒的硫化铁和其他矿物质也被发现了。同时，电子扫描显微镜的观测结果表明，岩石中含有可能是火星细菌化石的微小结构，并且它们在岩石中埋藏得很深，不可能是在地球上形成的。为了留一条退路，在场的一位NASA科学家说这种结构太微小而不太可能是细菌，碳酸盐明显是在高温中生成的，在这么高的温度下不可能有生命存在，但是他的怀疑并不能阻止报纸上大字标题"生命存在于火星上"的出现。

从那以后，科学家开始用专业术语来讨论问题以吓跑记者。如果这些微小的化石能被切开，事情就好办多了。如果存在细胞壁或最好是存在细胞分裂的证据，我们就可以得到答案了。不幸的是，开展这种研究的技术还没有完全发明出来。当我们确实得到了答案的时候，即使答案是确凿无疑的，也有一些科学家仍然会说这仅仅证明细菌生命曾经存在于火星上，但也存在于我们的行星上。这将不能作为生命起源于火星，并来到了地球上的证据，也不能作为证据证明胚种论是正确的。

也许在以后，关于远离地球的太阳系的生命，人类将发现更多的，甚至是惊人的证据。计划发射的NASA探测器将探测土星的卫星土卫二，这是一颗表面被冰封的星球，这意味着在其下面可能存在水，这颗探测器将证明宇宙中的生命比一些保守的科学家所猜想的更普遍。我们知道地球上的生命存在于一些极端温度下，在这样的温度下，我们长期以来一直认为对任何生物有机体来说都是极其不利的。如果在土卫二冰面下发现任何种类的生命，那么胚种论将提高到一个新的水平。同时，科学家平息关于宇宙起源的争论也将变得更加复杂。目前主要有两个前沿，一个是理论方法，不过它被不断增加的地球早期生命可能发生过横向的基因交换的证据弄得晕头转向。另一个是实验室方法，它试图用化合物合成生命，但每次都遭受失败的打击。对寻求地球生命起源的理解的现状，也许用2000年6月13日《纽约时报》栏目"科学时代"的大标题来形容是再好不过了。它是报道在南极发现的新的化石的，题目叫："生命起源变得更加神秘莫测了。"

植物的"语言"之谜

在人们的眼里，植物似乎总是默默无语地生活着。

但是，在20世纪70年代，一位澳大利亚科学家发现了一个惊人的现象，那就是当植物遭到严重干旱时，会发出"咔嗒、咔嗒"的声音。后来通过进一步的测量发现，声音是由微小的"输水管震动"产生的。不过，当时科学家还无法解释，这声音是出于偶然，还是由于植物渴望喝水而有意发出的。如果是后者，那可就太令人惊讶了，这意味着植物也存在能表示自己意愿的特殊语言。

不久之后，一位英国科学家米切尔把微型话筒放在植物茎部，测听它是否发出声音。经过长期测听，他虽

然没有得到更多的证据来说明植物确实存在语言，但科学家对植物"语言"的研究，仍然热情不减。

1980年，美国科学家金斯勒和他的同事，在一个干旱的峡谷里装上遥感装置，用来监听植物生长时发出的电信号。结果发现，当植物进行光合作用，将养分转换成生长的原料时，就会发出一种信号。了解这种信号是很重要的，因为只要把这些信号译出来，人类就能对农作物生长的每个阶段了如指掌。

金斯勒的研究成果公布后，引起了许多科学家的兴趣。但他们同时又怀疑，这些电信号的"植物语言"，是否能真实而又完整地表达出植物各个生长阶段的情况，它是植物的"语言"吗？

1983年，美国的两位科学家宣称，能代表植物"语言"的也许不是声音或电信号，而是特殊的化学物质。因为他们在研究受到害虫袭击的树木时发现，植物会在空中传播化学物质，对周围邻近的树木传递警告信息。

英国科学家罗德和日本科学家岩尾宪三，为了能更彻底地了解植物发出声音的奥秘，特意设计出一台别具一格的"植物活性翻译机"。这种机器只要接上放大器和合成器，就能够

直接听到植物的声音。

　　这两位科学家说，植物的"语言"真是很奇妙，它们的声音常常伴随周围环境的变化而变化。例如，有些植物，在黑暗中突然受强光照射时，能发出类似惊讶的声音；当植物遇到变天刮风或缺水时，就会发出低沉、可怕和混乱的声音，仿佛表明它们正在忍受某些痛苦。在平时，有的植物发出的声音好像口笛在悲鸣，有些却似病人临终前发出的喘息声，而且还有一些原来叫声难听的植物，当受到适宜的阳光照射或被浇过水以后，声音竟会变得较为动听。

　　不过，由于这项科研工作并非一朝一夕就可以完成的，科学家们并没有完全揭开其中的秘密。不过可以肯定的是，这个20世纪提出的难题，正在被人类逐步解开。

北极"发烧"花之谜

　　人们在北极地区看到臭菘花在冰雪中盛开，诧异之余，不禁疑窦丛生：这些花为什么会在那么冷的地方开放？

　　20世纪80年代初，瑞典伦德大学三位植物学家为了解开这个有趣的谜而奔赴北极。经过调查，他们发现臭

臭菘花

菘花盛开的原因是因为花朵内部能保持比寒冷的外界温度高得多的恒温。

　　花儿为什么能"发烧"？三位瑞典科学家认为，这与它们追逐太阳有关。他们将生活在北极地区的仙女木花花萼用细铁丝固定，以阻止其"行动"，然后再在花上放一个带细铁丝探针的测温装置。旭日东升，气温升高时，被细铁丝固定的花朵内部温度要比未固定的低，因为未固定的花朵能随着太阳的运动而一直面朝太阳。因此他们得出结论：花儿向阳能积累热量，有利于果实和种子的成熟。

　　美国加利福尼亚大学的植物学家沃尔则认为，极地花朵"发烧"是因为脂肪转化成碳水化合物释放热量所致。他观察到极地植物臭菘，在连续两星期的开花期间，漏斗状的佛焰苞

把花中央的肉穗花序"捂"得严严实实，内部的温度竟然保持在22℃，用向阳理论显然难以解释。经测定，沃尔发现臭菘体内存在一种叫乙醛酸体的特殊结构，它的内部是生物化学反应的最佳场所。当植物体内的脂肪转变成碳水化合物时，花儿就"发烧"了。

可不久，沃尔发现在另一种叫喜林芋的"发烧"花儿内部并不存在脂肪转化为碳水化合物的过程。喜林芋"发烧"是靠花儿内部雄性不育部分的"发热细胞"。沃尔因此以为，花儿"发烧"是为加速花香的散发，从而更好地招引昆虫传粉。在寒气逼人的北极地区，一朵朵"发烧"的花就像一间间暖房引诱昆虫前来寄宿，从而借助昆虫完成传粉。

但美国植物学家罗杰和克努森却有自己独特的看法。他们认为，这些花儿"发烧"不仅为了招引昆虫，更重要的是为了延长自身的生殖时间，只有这样，才能从容不迫地开花结果，延续后代。

花儿究竟为什么"发烧"？科学家们在20世纪没能取得一致的看法。大多数人认为，在没有掌握更多的第一手资料前，断然下结论是不可取的。所以，这个问题还有待于科学家们在21世纪的努力才能解开。

神奇的藤本植物

对于藤本植物的认识，人们说法不一。有些学者认为，藤本植物之所以依附其他植物向上攀爬，是因为它喜光的缘故，但在现实生活中你会发现这些喜光植物的卷须、茎干和不定根，不仅没有向光伸延，反而背对着光在蔽荫处生成；因此另一些学者认为，寻找支撑物才能茁壮成长，是其向上攀爬的主要原因。但是，有关藤本植物各种器官的机制及其行为，生物学家们在20世纪，甚至今天也没有弄明白。

常见的藤本植物总是呈螺旋形的新茎缠绕，当茎梢触及到支撑物并缠住后，就会以极快的速度生长，如常见的葡萄藤、葫芦藤等。各类藤本植物攀附方式及缠绕速度各不相同，像西番莲的卷须梢，一旦触及到硬物，20秒钟后就能紧紧抓住攀附物缠绕一圈，忽布（啤酒花）在阳光温暖的日子里，其新茎绕支撑物一圈只需两小时八分钟。而各类藤本植物的攀附方式更是五花八门，当你亲眼看到这种现象，你才能真正领略它的奇妙意境。

世界上最长的藤本植物是一种叫

过程中，许多植物的多种攀附本领更令人迷惑不解。"猫爪子"藤，顾名思义，因其藤叶米上长着三只带钩的爪子，很似猫爪而得名。这些带钩的爪子样的叶子长在悬空的长长细细的茎梢上，茎梢随风飘动，不断寻找，捕捉支撑物，一旦抓到，便紧紧钩住，茎梢便附在新的支撑物上生存发展。

"根攀类"的藤本植物具有与众不同的攀附方式，在它的茎千上的不定根，能够分泌出很像胶状的物质，它将其伸向四面八方以寻找能够攀附的支撑物。

由此可见，大千世界，藤本植物千姿百态，它们顺应环境求生存求发展，表现出迥然各异的谜一般的"特异功能"，这种功能之谜何时解开，相信未来科学会给人们一个满意的答案。

"爬墙虎"就是典型的藤本植物

省藤的植物。它的茎长可达300米，叶片呈带形，每片叶子最长可达一至两米，在叶子边缘长有尖尖的钩子，嫩叶卷曲呈棍状，能灵活在树枝间穿插，而叶缘上的尖钩在钩住支撑物后，很快又能长出新叶。省藤的茎有很强的攀附力，它能越过树冠、跨过小溪，将茎蔓伸向对岸。如果周围没有任何支撑物，其茎蔓便能落地匍匐而长。对于省藤极强、极能适应环境的攀附能力，目前还无法解释清楚。

在寻求解开藤本植物攀附之谜的

长寿和短命种子之谜

20世纪中后期，生物学家发现很多植物的种子可以存活很长时间。但是其中的原因是什么，生物学家没能给出合理的解释。于是这个谜题留给了21世纪。

植物种子里的老寿星，最著名的

千年古莲子发芽开花

就是"古莲子"了。1952年，我国科学家在辽宁省新金县泡子屯村地下的泥潭里，发掘到一些古代的莲子。这些莲子的外皮已经变得十分坚硬，好像一个个小铁蛋。科学家们如获至宝，小心翼翼地把这些"宝贝蛋儿"包好，带回北京仔细研究。他们用锉刀轻轻地把古莲子外面的硬壳锉破，然后泡在水里。没有多久，这些古莲子居然长出了嫩芽，发芽率达到90%以上。

在香山脚下的北京植物园，1953年种的古莲子，经过精心照料，在1955年夏天开出了淡红色的荷花。1975年，科学家采用放射性岩测定，这些古莲子的寿命长达835～1095年。

1973年，我国考古学家又在河南省郑州大河坝的仰韶文化遗址，发现了两枚古莲子，其寿命更长，已有5000年的历史，可以称得上是世界上最长寿的古莲子了。为什么古莲子在千年之后还可开花呢？在漫长的历史岁月中，古莲子内部的细胞处在一种什么样的状态？它们为什么能够长生不老、死而复苏呢？其奥秘何在？

关于种子的寿命问题，在国际科学界还引起过一场辩论。争论的焦点是在埃及金字塔中发现的小麦种子。传说，金字塔里发现了休眠2000年的小麦种子，播种之后依然发芽生长。一些科学家认为这是世界上最长寿的种子，而另一些科学家却不同意这种看法。经过仔细的调查研究，才弄清这是一个奸商搞的骗局。现在，国际科学家界一致公认，在中国发现的古莲子才是最长寿的种子。植物种子的寿命长短不一，一般来说，能够保持15年以上生命力的，已经算是长寿种子了。除了古莲子以外，世界上寿命最长的种子也没有超过200年的。

大多数热带和亚热带的植物，像可可的种子，从母体中取出35小时以后，就失去了发芽能力。甘蔗、金鸡纳树和一些野生谷物的种子，最多只能活上几天或几个星期；橡树、胡桃、栗子、白杨和其他一些温带植物种子的生命力，都不能保持很久。这些植物种子的寿命为什么这样短呢？早在很久以前，科学家们就对这个问题发生了兴趣，由于这是一个很复杂的问题，在20世纪，甚至直到今天，学者们还没有取得一致的意见。

有的科学家认为，有些植物种子容易死亡，是由于干燥、脱水的原因。还有的学者认为，生长在热带或亚热带的植物种子，它们的寿命之所以这样短，是因为热带的雨水充足，再加上天热，种子的新陈代谢旺盛，种子里贮存的一点儿养分，很快就被消耗完了，由于没有充足的养分，也就维持不了种子的生命活动，从而失去生命力。

另外一些科学家认为，在寿命短的种子中，有的含有大量的脂肪，像可可、核桃、油茶等，由于新陈代谢的关系，在脂肪转化的过程中可能产生一种有毒物质，会把种子里的胚杀死，或者使种子变质。近年来，越来越多的科学家认为，这些种子所以寿命短，主要是由于种子胚部细胞核的生理机能逐渐衰退造成的，但具体原因还不清楚。

看来要弄清楚植物种子长寿和短命之谜，还有待于21世纪科学家们的继续探索。

恐龙为什么会灭绝

在20世纪，最具争议性而又非常有趣的一个生物学谜题是恐龙为什么灭绝的。虽然生物学家们在20世纪并没有解决这一难题，但也给出了很多假说。在距今6500万年到2亿多年的

在距今6500万年到2亿多年的中生代，恐龙是地球的"霸主"。

中生代，恐龙是地球的"霸主"。那时候，海洋中有鱼龙和蛇颈龙；天空中有飞龙、翼手龙；陆地上有各种各样的恐龙，最大的重达80吨，最小的像小鸡……

然而，在6500万年前，不知发生了什么灭顶之灾，使这种在地球上显赫了1.4亿年的动物，悄然离开了地球（当然，也有人认为有些恐龙，如蛇颈龙还在地球的某个角落以水怪的身份存在）。

有学者认为，这是气候骤变所致。其中，有的人认为，在中生代末期，冰期突然降临，气候变得寒冷，一些不耐寒植物死亡，恐龙在饥寒交迫中死去；有的人认为，地球上的气候突然升高，使恐龙这种散热能力较弱的动物不能适应环境，造成内分泌系统混乱，特别是雄性生殖系统严重破坏，致使恐龙断子绝孙而灭绝。

有学者认为，在6500万年前，地球上的被子植物大量发展，并迅速取代了裸子植物。被子植物不像裸子植物那样四季常青，而是一种秋冬季节会落叶或枯萎的植物。这样，以植物为食的恐龙在秋冬季节被"饿"死；肉食性动物也由于猎物的失去而死去。

有学者认为，约在1.2亿年前，最早的有花植物出现了。在有花植物组织内，常常含有作用强烈的生物碱。有的生物碱，如马钱子碱、泻花碱等，具有很大的毒性。恐龙吞食了大量的生物碱毒素后，引起严重的生理失调，最后导致死亡。

有学者认为，恐龙体型高大，大脑小，是由于体内的内分泌功能失常、代谢调节紊乱、酶的功能异常的结果，是一种病态。由于恐龙大脑和身体比例不协调，失去了对身体的调节控制作用，使恐龙不能在环境中生活而死亡。

有学者认为，在6500万年前，宇宙中有一颗直径10千米、重1270亿吨的小行星，以每秒20千米的速度撞击地球。撞击释放出来的能量相当于100个最大氢弹的爆炸力。当时，天昏地暗，尘土滚滚，遮月、蔽日达3个月，植物因不能进行光合作用死亡，食物链中断，恐龙和其他动物就

陨石撞击可能是导致恐龙灭绝的主要原因

此灭绝。在意大利、丹麦、新西兰等地的晚白垩纪地层里，发现一层几厘米厚的富铱层，其铱的含量超过地球正常铱含量的30倍。地球上铱含量极少，但太阳系及其他星体含量较多。由此有人认为这些富铱层是小行星撞击后的尘土形式的。此观点也由此得到学术界的重视。

有学者认为，在6500万年前，宇宙中一颗直径约10～20千米、重达2500亿吨的彗星撞击地球，由此影响地球表面温度及植物光合作用，并把彗星含量丰富的毒性物质——氰化物带到地球上，从而导致恐龙死亡。1981年，科学家意外地在墨西哥尤卡坦半岛的地下1千米深处，发现了一个直径达60千米的陨石坑。经测定，这个巨大陨石坑形成的年代与恐龙灭绝的年代相符。因此持这一观点的学者，以此陨石坑为证据，颇有说服力。1994年7月17～22日发生的苏梅克—列维9号彗星与木星相撞，说明彗星与行星相撞完全可能，同时，科学家们通过对这次相撞的研究，也将对这一观点作出新的判断。

总之，有关恐龙灭绝的原因，科

学家们提出了许多不同的观点，然而都缺乏很有力的证据。因此，这还是一个有待21世纪的科学家们来解开的谜题。

水怪会是蛇颈龙吗

在20世纪，地球上许多地方不断发现神秘水怪的报道，其中最有名、历史最悠久的要数苏格兰的尼斯湖怪的报道。自从20世纪30年代，有人第一次拍摄了"尼斯湖水怪"（其实是伪造的）的照片之后，描写"尼斯湖水怪"的书籍和照片可谓层出不穷。据目击者报告，这种怪兽头部像蛇，颈部蜿蜒，身躯很大，长着两对很长的鳍状肢和长长的桨状尾巴，在水面上发出噗噗声。据科学家分析，这种

著名的"尼斯湖水怪"照片

怪兽很像生活在7千万年前的蛇颈龙或蛇颈龙的近亲。

但是，1982年英国自然历史博物馆前任保管部副主任、哺乳动物学家莫里斯·伯顿，在《新科学家》杂志上把尼斯湖怪兽解释为人们对游玩中的水獭的错觉。他认为普通的水獭平均长0.9～1.2米，但在高纬度的苏格兰高地，确实存在着身躯硕大的水獭，尼斯湖中人们见到的怪兽仅仅是在弱光下的大水獭。事实上，历来目击者大多数是在月光下或暗弱的灯光下见到怪兽的。另外，水獭在水中的行为有时很敏捷，游速较快，它们常常会在水面上翻筋斗。当母水獭带着尾随在后面的幼水獭游动时，它们很像盘着的大海蛇，当领头的大水獭跃出水面时，看上去极像蛇头和蛇颈。因此，伯顿以为这是人们对正常事物的错觉。

以后，一位名叫罗伯特·克雷格的苏格兰工程师大胆地提出，尼斯湖怪兽只是被树干内气体竖起的树干，根本不是什么神秘的蛇颈龙。克雷格认为，过去考察"尼斯湖水怪"的人们都忽略了两个重要的事实：尼斯湖水深和它的周围生长着赤松树。这两点正是揭开"尼斯湖水怪"之谜的重要线索。在苏格兰有500多个湖，但只有3个湖发现有水怪。恰恰是这3个

蛇颈龙复原图

湖有一共同的特点：水深和周围有赤松树。这并非偶然。古老的欧洲赤松很早就沉入了湖底，树干的一部分被泥沙覆盖。由于湖水很深，湖水强大的压力使树干内的树脂排出在树干外表形成了一层坚固的外壳。此时由于外壳内的水分加上外界的压力使树干产生气体。气体体积越来越大，使沉睡于湖底的树干浮到了湖面。由于湖面压力小，树干往往会以极快的速度冲出水面，而当树干释放完气体后，又再次沉入湖底。于是人们就看见了这时沉时浮的"怪兽"。克雷格的解释彻底否定了蛇颈龙的存在。

在克雷格提出上述见解的第二年，罗纳德·宾斯出版了《尼斯湖之谜解答》一书，他以人们对水獭、鸟、鹿等动物的幻觉来解释人们在湖中所见到的怪物。

蛇颈龙存在于当今的地球难道只能成为神话？那些照片记录有没有说眼力？早在1932年，英国《每日邮报》一位摄影记者在尼斯湖拍下了一张较有名的怪兽照片。可是数年以后，人们才知道这张照片是那位记者借助一只河马的大腿加工拍成的。1972年，美国应用科学学会使用水下摄影机拍摄的著名尼斯湖怪兽阔鳍照片，据说有一张也被加工过。

美国于1975年在尼斯湖上组织了一次较大规模的科学考察活动，由亚德里安·谢纳担任总指挥，这次活动耗资100万美元。谢纳在结束此次活动时说，扫描仪器上"出现过一些较强的声波显示"，"极可能是一个体积较大、而且时有活动的物体。"但怪兽却始终未出现过。

2000年8月的一天，45岁的英国人波拉克和妻子及3岁的儿子在尼斯湖附近散步时拍下一段三分半钟长的不知名动物的录像，为尼斯湖水怪的存在提供了新的证据。波拉克说："有人可能会说是一只海豹或是下到水里的鹿，但是我见过这些动物，录像里的动物绝对不像。"

苏格兰一名研究海洋生物的专家仔细观看和研究了录像的内容，但是无法确认录像所拍摄到的是何种动物。尼斯湖水怪迷俱乐部授予了波拉克的这盘录像带"2001年尼斯湖水怪最佳发现奖"，并颁给他500英镑的奖金。

世界各地报道的水怪到底是什么呢？这个20世纪未能解开的科学谜团，能在21世纪找到答案吗？难道这些水怪真的是蛇颈龙？

动物死而复活的秘密

自然界中有些生物能够死而复活。在19世纪的法国，有个工人曾经从100多万年前形成的石灰层中的一块石头里劈出2只蛤蟆，它们居然还能活动。在北美洲墨西哥的一个石油矿中，当一只沉睡了200万年的青蛙被人们挖出来后，还复活了两天。

科学家在实验中观察到许多生物复活的现象。1917年，一位科学家做了这样一个实验：把蚯蚓放在装有吸水剂的玻璃罩里，蚯蚓便逐渐失去水分，皮肤皱得很厉害。体重减轻四分之三，体积缩小二分之一。没有任何生命表现。然而，当把这条干瘪的蚯蚓放到潮湿的滤纸上时，它的皮肤渐渐膨胀起来。过了一段时间，这条死蚯蚓便复活了。以后，其他一些科学家又用乌龟、蛇等动物做了同样的干燥实验，都发现同样的复活现象。但是，也有许多科学家认为，那些用来做实验的动物并没有真正死亡，只是干燥到了一定的程度，因而遇水后就活动起来，这不能说是死而复活。

正当干燥动物的复活之谜引起激烈争论时，另一个领域——低温状态下的复活之谜，又引起了人们的论战。1938年，一位美国科学家做了这样一个实验，把金鱼从水中取出，等它表面稍微干燥之后，就把它放在温度低达-200℃的液态空气中，金鱼立即被冻僵了。经过10到15秒钟后，再把金鱼放回温水中，它又游动了起来。另一些科学家认为，冰冻动物的复活，在本质上与干燥动物的复活一样，也不能说是死而复活。

现在，人们发现的复活现象越来越多，但是复活之谜仍未解开。尽管如此，关于复活现象的研究，带来一个诱人的希望：是不是可以利用干燥或冷冻的办法，使动物乃至人在一段时间内停止生命活动，然后再复活，以达到延长生命的目的呢？

现在，这一设想已经变为现实。科学家曾经对患有肿瘤的病人进行了全身冷却，使他进入"人工睡眠"状态，五天五夜后将他放在温暖的地方，使他清醒过来。经过几次这样的人工睡眠之后，病情有了明显好转。

这项试验的成功，极大地增强了人们延长生命的信心：能不能把人工睡眠的温度降得更低些，把时间拉得更长些？人们在20世纪虽然还未找到

最后答案，但毕竟已经看到了希望之光。或许在不久的将来，科学家们就可以把利用某种技术把人工睡眠的时间拉得很长，给治疗疾病带来福音。

海洋动物的集体自杀

1985年12月22日早晨，福建省打水吞湾的洋面上，一群抹香鲸乘着涨潮的波浪冲向海滩，全部搁浅，渔民们采用种种方法，甚至动用机帆船拖曳，驱赶鲸群返回海洋。可是，被拖下海的鲸，竟又冲上滩来，直至退潮。12头长12～15米的抹香鲸全部毙命。这是我国有记录的抹香鲸集体自杀事件。

鲸类集体自杀在世界上屡见不鲜。1970年1月11日，在美国佛罗里达州附近的海岸，有数百头鲸冲上沙滩一起死去。同年3月18日，在新西兰的奥基塔，也发生了一次鲸集体自杀事件。据英国大英博物馆所作鲸类自杀的记录，自1913年来，有案可查的鲸类搁浅自杀总数已逾万起。

乌贼有时也有集体自杀的行为。1976年10月，在美国的科得角港海滩，忽然有成千上万的乌贼登岸集体自杀。这一事件又沿着大西洋沿岸向北蔓延，11月，在加拿大的拉布拉多

鲸鱼集体自杀

半岛和纽芬兰岛，都出现了数以万计的乌贼登陆自杀的怪事。这场巨祸一直延续了两个多月，直到12月中旬才中止。

究竟是什么原因迫使这些海洋动物"自寻短见"呢？环境保护专家想起了日本水俣市的"狂猫跳海事件"，许多猫由于水银中毒而发狂，竟然集体跳海自杀。他们推测，这些海洋动物可能是由于环境污染而集体自杀的。但这种推测后来又被推翻了。因为海洋动物是生活在海洋之中的。不能想象偌大的海洋都受了污染，解剖这些自杀的海洋动物。也没有发现什么异常的污染物质堆积。

有的海洋生物学家怀疑这些动物

患了某种传染病，由于不堪疾病折磨而自杀的，但化验证明它们什么病也没有。有人还把登陆寻死而未死成的乌贼拾回家去，放在玻璃缸里养殖，它们还能健康地活下去。因此，这种推测也是站不住脚的。

还有些海洋生物学家们认为，海洋中的次声波是杀死这些海洋动物的"秘密武器"。可是，次声波到底是通过什么对这些海洋动物肆虐的呢？在大西洋那么长的海岸线上，次声波怎么会持续那么长的时间呢？

在20世纪后期，生物学家对这些生物学现象进行了很多研究，但由于种种原因，最终没有揭开谜团，把这个难题留给了21世纪。

旅鼠为什么集体自杀

旅鼠是一种生活在北欧寒冷地区的鼠类，以挪威最多。它的外貌与一般田鼠差不多，只是毛为黑褐色，尾稍短些。这种旅鼠常发生"集体自杀"现象。

旅鼠"集体自杀"现象的过程是：成千上万的旅鼠离开巢穴，汇成一支旅鼠的洪流，浩浩荡荡地往前涌。所经过之处，草根被刨净，树皮被扒光，庄稼被糟蹋，牲畜被咬伤，甚至连婴儿也受到伤害。它们前赴后继，势不可挡，一直冲到大西洋岸边，然后"义无返顾"地跳入波涛滚滚的大西洋中。

据记载，1868年，一艘邮船上的旅客就发现一片旅鼠在海水中游泳，之后海面上留下了不计其数的旅鼠浮尸。最近几十年，人们发现每隔三四年，便发生一次旅鼠"集体自杀"事件。

旅鼠为什么会"集体自杀"呢？

挪威的一位科学家认为，这种现象是旅鼠群体"人口过剩"的结果。旅鼠的繁殖力特别强，一只雌鼠一次可生4只小鼠，小鼠出生2周之后

旅鼠

就成熟，经3周的怀孕期雌鼠又可生产。这种惊人的繁殖速度，使旅鼠每经一段时间，食物短缺，居住拥挤，于是旅鼠便集体大迁移。它们跳进大西洋或挪威海，企图渡过大西洋，然而，宽阔的大海成了它们的葬身之地。

有的科学家认为，旅鼠的这种现象，也许是因为大西洋、挪威海等处曾经是它们的"家园"，因此，它们形成一种本能，返回"家园"。譬如，苏联科学家认为，在1万多年前，地球正处于寒冷的冰期。北冰洋的浮冰曾冻成厚厚的经久不化的大冰原。冰原上绿草茵茵，一片生机。旅鼠曾在大冰原上生活过。跳入北冰洋的旅鼠正是为了寻找曾经存在过的冰原。

这些观点都遭到一些科学家的反对。他们认为这些解释没有说服力，显得牵强附会。20世纪过去了，对于旅鼠"集体自杀"现象，仍没有一个很令人信服的解释。

龟的寿命为什么特别长

在动物世界里，论寿命当推龟最长了，所以龟有"老寿星"之称。那么，龟的寿命究竟有多长呢？有记录

长寿的乌龟

的一只长寿的龟，共饲养了152年，它的寿命至少152岁。根据报道，一位韩国渔民在沿海抓住的一只海龟，长1.5米，重90千克，背甲上附着许多牡蛎和苔藓，估计寿命为700岁。

可是在龟类王国里，不同龟种寿命长短不一，有的龟能活100岁以上，另一些龟只能活上15年左右。即使是一些长寿的龟种，事实上不可能都"寿长百岁"的，寿命也有长有短，因为从它们诞生的那天起，疾病和敌害时刻在威胁着它们的生命。

人们虽然都知道龟是长寿动物，但是对龟的长寿原因却知道得很少。国内外一些科学家对此已列为研究课题进行探索，用作研究人类长寿的极好的动物模型。根据现有研究，龟的长寿原因还说法不一。

有的科学家曾经提出，龟的寿命与龟的身体大小有关，龟体大的寿命就长，龟体小的寿命则短。有记录可查的长寿龟，例如，象龟和海龟都是龟族中的大个子，前者是世界上最大的陆地龟，后者的个儿都很大。但是上海自然博物馆的动物学家不同意这一观点，因为该馆有一只保存着的大头龟标本，论个头远不如象龟和海龟大，可是它的背甲上刻有"道光二十年"（1840年）字样，这分明是为了记事用的。这一年，中国发生了鸦片战争。这只大头龟是1972年在长江里捕获的，从刻字那年算起，到捕获的时候为止，这只龟至少已活了132年。

有些动物学家和养龟专家认为，以植物为食的吃素龟的寿命，一般要比吃肉和杂食的龟类的寿命来得长。例如，生活在太平洋和印度洋热带岛屿上的象龟，以青草、野果和仙人掌为食，寿命特别长，可活300岁。但是另一些龟类研究人员却认为不一定，比如以蛇、鱼、蠕虫等动物为食的大头龟和一些杂食性的龟类，寿命也有超过100岁的。

20世纪末，一些科学家还从细胞学、解剖学、生理学等方面去研究龟的长寿秘密。有些生物学家选了一组寿命较长的龟和另一组寿命不太长的普通龟，作为对照实验材料。研究结果表明，一组寿命较长的龟细胞繁殖代数普遍较多，而另一组寿命不太长的龟其细胞繁殖代数普遍较少。这说明，龟的细胞繁殖代数的多少，同龟的寿命长短有密切的关系。有的动物解剖学家和医学家还检查龟类的心脏机能，把龟的心脏离体取出后，竟然能够跳动整整两天之久。这说明龟的心脏机能较强，同龟的寿命较长也有直接关系。从整体上来说，龟类的长寿，同它们的行动迟缓、新陈代谢较低和具有耐饥耐旱的生理机能有密切关系。

总之，科学家们从不同角度探索和研究龟的长寿之因，所得的结果也是众说纷纭，莫衷一是。至于究竟是什么原因，科学家们在20世纪没能给我们一个圆满的答案。或许不久的将来，这个答案的揭晓了，对延长人类的寿命会有很大的帮助呢！

动物的异常反应与地震

地震是惨烈的自然灾害之一，直到今天人类还没有找到能完全预报地震的有效办法。但人们发现，大地震发生之前，许多动物往往有异常反应。

1976年的唐山大地震的前一天，唐山地区滦南县王东庄的村民，在棉花地里看到大老鼠叼着小老鼠跑，小老鼠依序咬着尾巴，排成一串跟着，当时就有人议论："老鼠搬家，怕要地动。"唐山市殷各庄有一条狗，临震前那天夜里，就是不让主人睡觉。主人一躺下，它就进屋来叫，主人把它赶跑，它又叫着进房，甚至还咬了主人一口，主人非常生气，拿起棍子追出门外，紧接着大地震就发生了。

在我国，利用震前动物异常预测地震，曾经取得过良好的效果。1967年7月18日上午，天津人民公园的管

一般情况，在地震将临时，一些动物会表现异常反应，但有时的突发性的动物活动也能让人们以为地震要来了而惊恐万分。

理员发现，平时生活在水底的泥鳅、甲鱼等上下翻滚不停，天鹅两脚朝天，就是不下水；东北虎精神不振，呆头呆脑，西藏牦牛则躺在地上打滚。他们立即向市地震办公室报告，并提出了预报意见。结果就在当天下午，渤海发生了7.4级大地震。

那么，震前动物为什么会发生异常反应呢？因为地震前，震源区的岩石在强大的地压力作用下，发生着剧烈的物理和化学变化，同时会产生声（机械振动）、光、电、磁和热等物理现象。

地震前的地声现象是众所周知的事实。近年来的实验研究和现场观测发现，这些声音是由于震源区岩石破裂而发出的。所发出声音的频率不仅有20～2万赫兹的人类可以听到的声音，也有2万赫兹以上的超声波和20赫兹以下的次声波。人耳对超声波和次声波的作用是毫无反应的，但有些动物对它们的反应相当灵敏。例如，鱼类对1～20赫兹的次声就能感觉到。而在地震前，金鱼惊慌不安，发出尖叫声，甚至跳出鱼缸，可能都与震源发出的次声波或超声波有关。

地光也是地震的一种前兆现象。地光耀眼夺目，五彩缤纷，它对动物很可能是有刺激的，鸟类的视神经特别发达，善于远视，而且它们对从未见过的色彩特别恐惧。鸟类的异常反应，在震前是很普遍的，很可能与地光有关。

动物能够预先感知地震，这是事实。但是，动物的异常反应并不都是地震引起的，也可能是由于天气变化、季节更替、生活环境的改变、饲养不当、受到惊吓或者其他一些生理变化引起的。因此，对于动物与地震关系的研究，直至现在仍处于探索阶段，虽然发现了其中的一些因果联系，但距离把其中的奥秘完全搞清楚还差得很远。

那么，在21世纪里科学家们能够解决这一科学难题，让动物为人类准确地预报地震吗？让我们耐心地等待吧！

动物是靠什么导航的

世界上许多动物有着奇异的远航能力，例如生活在南美洲的绿海龟，每年6月中旬便成群结队地从巴西沿海出发，历时2个多月，行程2000多千米，到达大西洋上的阿森松岛。在那里生儿育女以后又返回老家。2个月后小龟破壳而出，同样像它们的父母一样游回遥远的巴西沿海。

这种奇异的远航本领，鸟类可

能更胜一筹。身长仅4厘米的北极燕鸥，每年在美国的新英格兰筑巢产卵育雏，到8月份便携儿带女飞往南方，12月份到达南极洲，到第二年春天，又飞回新英格兰，每年飞行距离达3.5万千米。

令人感兴趣的是许多与人类有密切关系的家养动物，也有远途外出而不迷路的能力。这些动物是凭借什么来辨别方向，认识路线的呢？

科学家们利用蜜蜂和鸽子所做的动物导航实验，已经初步揭开了这两种动物导航的秘密。著名的诺贝尔奖获得者、奥地利生物学家弗里希，曾在20世纪40年代，用一系列实验测出了蜜蜂的基本导航能力，证明了蜜蜂通常是利用太阳作为罗盘进行导航的，指出蜜蜂就是以太阳作为参考点，通过"舞蹈"告诉其他蜜蜂如何到达它发现的花源地。

通过信鸽的实验，进一步证明了动物的远航是以太阳为罗盘进行导航的。科学家曾做过一个实验：将一群鸽子关在离家以西160千米的屋里，中午时打开电灯模拟黎明，然后放出鸽子，它们以为这是黎明，太阳在东方，但此时却正好在南方，鸽子看到太阳后就根据太阳来导航而飞向南

方，它们还以为这是向东方朝家飞呢。

蜜蜂和鸽子不仅在有太阳的时候能顺利导航，就是在没有阳光的阴天也能准确地返回自己的家园。因此可以推测，它们可能有另外一套导航系统。科学家们首先通过实验发现蜜蜂对磁场很敏感，美国科学家沃尔科特曾做过一个实验，他给鸽子带上一个小头盔，可以精确地控制每只鸽子飞行时的磁场。晴天时鸽子均能正常返回，而遇到阴天，当控制头盔产生一个北极朝上的磁场时，鸽子就飞不回来，如果产生一个南极朝上的磁场时，鸽子又可直接飞回，这就证明鸽子是利用磁北极导航的。

科学家们的实验，虽然已初步揭示了蜜蜂和鸽子导航的秘密，但是太阳、星星的位置会随时间而变化，即

使是地磁场的强度也会有变化。那么鸽子和蜜蜂是怎样根据变化而调整自己的导航行为？科学家们在20世纪没能找到合理的解释。而且，动物种类繁多，海龟、昆虫以及大蝴蝶等能远航的动物，是凭借什么回到自己的老家的呢？科学家们或许可以在21世纪解开这些谜团。

动物冬眠背后的秘密

冬眠，是某些动物抵御寒冷、维持生命的特有本领。冬眠时，它们可以几个月不吃不喝，也不会饿死，最令人不可思议的是，母熊竟在冬眠期间生育，当双胎小熊从洞穴里出来时，体重竟达到5磅了。这段时期，小熊是靠吮吸沉睡中的母熊乳汁生活的。

对动物冬眠的现象，科学家进行了几个世纪的研究。但是直到20世纪都过完了，科学家们也没能完全揭开动物冬眠的秘密。他们发现，动物皮层下有白色脂肪层，可以防止体内热量散发。在冬眠动物的肩胛骨和胸骨周围还分布有褐色脂肪，好像电热毯一样，产生的热量比白脂肪快20倍，而且环境温度越低，热量产生越快。当气温下降时，冬眠动物的感觉细胞

冬眠中苏醒的北极熊

向大脑发出信息，刺激褐脂肪里的交感神经，使动物的体温刚好保持在免于冻死的水平。

人们虽然已经了解了动物的生理变化，可是，究竟是什么原因促使动物冬眠呢？黑熊在进入冬眠约一个月之前，每24小时就有20小时在吃东西，每天摄取的热量从7千卡增加到2万卡，体重增加也超过100磅。看来，这些都是受动物准备冬眠的一种或几种激素所控制的，也就是说，冬眠动物的体内有一种能诱发自然冬眠的物质。

为证实以上推测，科学家曾对黄鼠进行实验。他们把冬眠黄鼠的血液注射到活动的黄鼠的静脉中去，然后

把活动的黄鼠放进7℃的冷房间。几天之后，它们就进入了冬眠。接着又用相同的方法使许多山鼠也冬眠了。这些试验表明了诱发自然冬眠物质存在的可能性。

人们又从冬眠动物的血液中分离出血清和血细胞，并分别注射到两组黄鼠体内。不久，它们也都冬眠了。再用血清过滤后得到的过滤物质和残留物质，分别给黄鼠注射，发现只有过滤物质才引起冬眠。人们从中得到启示：诱发冬眠的物质是血清中极小的物质。有趣的是，用冬眠旱獭的血清诱发黄鼠冬眠效果最好，不论是冬天或夏天，都能诱发黄鼠进入冬眠。

科学家又进行了另一些实验，将冬眠期和活动期的黄鼠的血清，过滤成过滤物质和残留物质，按照不同比例混合后，注入黄鼠体内，结果发现，它们冬眠开始的时间却推迟了。因此人们又得到启示：动物血清中可能含有一种抗诱发物，起了抵消诱发物的作用。

因此，人们得出初步结论：形成冬眠不光是决定于诱发物，还决定于诱发物和抗诱发物之间的互相作用。动物是全年在制造诱发物的，而抗诱发物只是在春季一段时间才产生。秋冬季节，诱发物多了，就促进了动物冬眠；到了春季，抗诱发物多了，抑制了诱发物，动物就从冬眠中苏醒过来。

动物冬眠的研究虽然取得了一些进展，但还有许多奥秘没有被揭示。如控制动物冬眠的激素到底是什么物质？动物内脏器官在冬眠时是怎样改变功能的……只有揭开这些奥秘，人们才能更全面地认识动物的代谢功能和生理功能，为农业、畜牧业和医学，甚至为航天技术提供有益的启示。

动物游戏行为之谜

在阳光明媚的草原上，两头茶褐色的幼狮在搏斗着，撕打着，同时发出低沉的咆哮声。一头幼狮斗败而逃，另一头则紧追不舍，猛扑上去，把对手压倒在地，露出利齿，像要撕咬对方的喉咙……

在热带丛林里，两只叶猴在10多米高的树顶上玩着"走钢绳"和"倒立"。它俩好像要比试技艺，相互推挤，竭力要把对方推下去……

在北极冰雪的陡坡上，一群北极渡鸦正在表演：它们飞上坡顶，一只挨一只地顺着坡势滑下去，滑到坡底时，又飞上来……

在大海里，刮大风时，成群的露

游戏中的小狮子

背鳍把尾鳍高高举出水面，对着刮来的风，像升着船帆似的，让大风推着。待靠近海岸后，它们又潜回去，重复这样的动作……

看来，"玩"绝非人类的专利，无论是地上走的、空中飞的，还是海里游的动物，它们中的一部分很懂得玩，是玩的"行家"。

科学家们在对大量动物的游戏行为观察之后，发现了一个规律：懂得玩复杂游戏的动物，大脑也比较发达，比较聪明。譬如，海豚、黑猩猩、鹦鹉、象、北极熊、渡鸦等，它们的游戏比较复杂，表明智商较高。

此外，一些必须依靠群体狩猎捕食的动物，如狼、斑鬣狗、狮子等，它们群体内个体联系较密切，它们的游戏也玩得精。

动物怎么会懂得玩游戏，它们为什么要玩游戏呢？近几十年来，科学家们对动物的游戏行为进行仔细地观察和深入地研究，提出了各自的看法。

一些科学家认为，动物玩游戏是对未来它们生活的排练或演习，有利于它们从小熟悉未来生活中必要掌握的各种"技能"，以及熟悉它们未来动物社会中将结成的各种关系。

还有一些科学家认为，游戏行为是动物的天性表现，正像捕食、繁殖等行为一样。动物有"自我娱乐"的天性。越是进化程度高、智力发达的动物，这种"自我娱乐"天性越强。游戏正是这种"自我娱乐"天性的集中表现。这种天性也是动物一种自我保护的本能。因为通过游戏活动，可使动物在紧张的竞争生活中，生理、心理上得到调剂。

这些观点还不能圆满地解释动物游戏行为。此外，动物游戏过程表现出的创造性、自我限制能力、谋略行为……也十分让人费解。

所有这些，生物学家们在20世纪都没能给出合理的解释。看来，要解开这些生物学界的谜团还有待于生物学家们在21世纪的努力！

动物体内的"生物钟"

在我国南方的海边，人们可以看到一种蟹，这种蟹的雄性个体长着一只很大的螯，每当涨潮之前，它总是"高兴地"举起大螯，不停地挥动，像是在欢迎潮水的到来，因此人们称这种蟹为"招潮蟹"。

"招潮蟹"有个怪现象：它的颜色一天要变好几次。白天颜色变深，晚上颜色变浅，黎明时颜色又变深。而且，它们每天颜色变得最深的时间，总是向后推迟50分钟。这恰恰跟涨潮、落潮时间每天向后推迟50分钟一样。

如果稍稍留意点观察，就会发现：燕子总是在春暖花开的时节飞来；蛇、青蛙总是在萧条的冬天躲进洞穴冬眠；公鸡总是在黎明来临之际"一展歌喉"；猫、蝙蝠这些"上夜班"的动物，总是在夜幕降临之后，忙碌起来……

是谁向它们报告了时间？它们怎么知道潮水的涨落、季节的来临、黎明的将至……难道它们的身上有一个看不见的钟表在提醒它们吗？

的确，在它们身上有个看不见的"钟表"，科学家形象地称它为"生物钟"。"生物钟"与钟表一样也是可以"调拨"的，只是"调拨"的方

招潮蟹

法是用改变外界环境条件，如温度、光照和黑暗的时间比例等。

科学家们曾做过这样一个实验：将一盆水温度调至0℃，再把"招潮蟹"放入冷水中，持续6小时，然后，又很快地把冷水加热至正常温度。结果，"招潮蟹"颜色变化的时间大大改变了。按正常情况下它的颜色应该中午变得最深，可经这么一冻，却要改在下午6点钟才变得最深。似乎在0℃的水中生活的6小时，它的"生物钟"完全停止了"走动"！

看来，动物体内的"生物钟"是由外界环境中的光照、亮度、温度等因素"遥控"着的。

科学家们还发现各种生物体的"生物钟"，它们的节奏规律似乎跟地球绕着太阳公转及自转、月球绕地球公转等规律很有关系。譬如："招潮蟹"变得颜色最深的时间与潮水涨落相呼应，就是跟月球绕着地球公转而引起月球对地球海洋的引力不同有关系。

甚至有些科学家提出，宇宙中许多天体的活动可能与"生物钟"也有一定关系。譬如：每过11年，太阳表面就会发出剧烈的爆炸（称为太阳耀斑）；宇宙中的脉冲星，每过一段极短暂的时间必定发出一个信号……

这些是否对"生物钟"产生影响呢？我们还不知道。或许随着科学家们对动物体内的"生物钟"研究的深入，我们会在不久的将来知道这些问题的答案。

野兽为什么抚养人孩

1972年5月，印度的那拉雅普尔村的一位名叫那尔辛格的居民，骑自行车穿过森林时，看见一个大约三四岁的小孩，正爬着与4只小狼玩耍。

那尔辛格抓住这个小孩，把他带到村里。这个小孩牙齿锋利，在路上把那尔辛格的双手咬得鲜血直流。

那尔辛格把这小孩当作赚钱的工具，让他与狗一起生活，到处展览、表演，这小孩过着悲惨的生活。人们把活的小鸡投给他，他竟马上抓住啃咬起来。

5个月之后，他才开始困难地用双腿走路。1981年1月，他被送到一家医院进行治疗。在医院里，他"恶习不改"，见到地上的蚂蚁，就抓住往嘴里塞，睡觉或休息时，总是肚皮朝下趴着，向前伸出双臂，向后伸直双腿。

这个小孩就是人们所说的"狼孩"。此外，1964年，在立陶宛发现一个"熊孩"，他走路摇摇摆摆，喜欢敲打树木，会发出咆哮，一副十足的熊样；1974年，还发现两个"猴孩"，她们像猴一样跑跳、爬树，只吃香蕉……

这些小孩由于脱离了人类，较长时间与狼、熊、猴等野兽共同生活，因此他们的习性更像与他们共同生活的野兽。

当他们回到人类社会后，尽管慢慢地往"人性"方面发展，但由于错过了心理上、生活上发育最快的时期，因此，他们的各方面也比一般儿童落后。

人们不禁要问：凶猛的野兽怎么会不伤害人孩，反而变"温柔"了，把人孩抚养起来呢？

科学家们在考察中发现，那些抚养人孩的野兽都是雌性的。因此，有人认为，也许是母兽生下小兽不久，小兽死了，母兽的乳汁无法排出，胀得难受，恰巧遇到被遗弃的人孩，于是就让他吸乳汁。

然而，事实上，有的母兽在"领养"人孩的同时，还哺育自己的小兽，因此乳汁多到"胀得难受"的地步的说法难以让人信服。

究竟这些野兽出于何种"动机"而抚养人孩的呢？科学家们在20世纪始终没能弄清楚这个问题。而且这个问题恐怕永远也不会有答案。因为这个问题已经无法进行深入的研究了。其一，随着人类活动范围的扩展，野生动物的生存空间越来越小，它们基本没有机会接触到人类的婴儿了；其二，即使有野生动物接近人类的婴儿，并有着强烈的抚养人孩的愿望，恐怕世界上也没有父母愿意把自己的孩子交给野兽！

亚马逊流域兽人之谜

号称世界第一大河的亚马逊河发源于秘鲁安第斯山脉，它由西而东横贯南美大陆，素有"绿色魔境"之称。它拥有数座深邃葱郁的原始大森林，那里有许多不能轻易进入的禁忌之林。因为只要一进入，必定会迷失方向，而且更可怕的是会遭到兽人的攻击。由此，亚马逊河流域的热带森林成为地球上神秘、奇特，而又充满恐怖气息的秘境之一。

传说在亚马逊河流域的热带森林及山麓中，埋藏着许多令人心动的宝石及矿藏。因此，自古以来，就有许多不畏艰难、不怕死的探险队伍前来勘探开采。早在17世纪，一支由西班牙人组成的队伍沿着亚马逊河的支流，来挖掘宝石的原矿。当这一行人

原始的威胁——亚马逊丛林

来到树林里时，却在俗称的"禁忌之林"里迷了路。正当茫然之际，他们突然遭到兽人的袭击。于是，双方立刻展开了一场激烈而凶猛的战斗。在这一场战斗中，探险队至少枪杀了十几只似猿又像人、性精粗暴、全身毛茸茸的兽人。

1920年，瑞士的地质学家罗伊为了勘察亚马逊河流域的地形结构，也冒着生命危险来到这里。由罗伊所率领的这支队伍在越过一条河川之时，突然听到类似猿猴的吼叫声。于是，这一行人立刻停下脚步不敢前进。当罗伊张大眼睛环视

四周时，他看见两只类似猿猴的大怪物，正怒目瞪着他们。其中一只怪物渐渐地接近他们，而且它还拾起地上的泥巴投向他们。这时，一名队员拿起枪来射击，结果，这只怪物立即中弹倒下。另外一只怪物受到了枪声的惊吓，急忙跑到树林里去了。事后，罗伊为遭到射杀的怪物拍了一张照片。根据照片和他们亲眼所看到的情景，估计这只怪物的身体大约高1.5米，相貌类似蜘蛛猿，嘴里有32颗牙齿。

1968年，意大利的考古学家比罗都诺为了勘察亚马逊河上游的石器文

化，也组织了一支队伍到禁忌之林去探险。当他们这一行人沿着亚马逊河的支流前进时，也在禁忌之林里迷了路。就在他们急欲寻找出路的时候，却远远地听到兽人们在集体地高声咆哮，宛如狮吼一般。这时，同行中有两位队员浑身发抖地大声喊："我们大家赶快逃跑吧！"这一行人又折回原来的路，直到他们撤退到热带草原区，兽人才停止可怕的吼叫。居住在亚马孙河流域的当地人，最忌讳的怪物就是兽人。

然而20世纪过去了，人们仍然无法确知兽人的真面貌。有一些人认为，这些身份不明的兽人很可能是原始人的后代，不过也有一些人认为它们是一个不知名的种族。究竟其真相如何？我们期待生物学家们能在21世纪给我们一个圆满的答案。

海底怪物到底是什么

神奇莫测的大海有许多迷人的故事，你也许听说过关于海怪的传说，海怪究竟是什么东西呢？早在半个多世纪前的日本，曾有过这样的报道：珍珠采收船"八蟠九号"船长在澳大利亚沿海，为了把已沉没的渔船上的珍珠重新打捞上来，潜入了水中，

不久，留守在船上的船员接到了要求接应的信号，赶忙拉紧绳索，结果吊上来的只有船长的帽子和安全带，潜水员立即跳下水去营救，但是没有找到。

据报道，类似这样的事在此之前已经发生好几起。两年后，在澳大利亚北部达尔文市附近的海域里，正在采珍珠的日本潜水员松本正夫突然下落不明，据专家们估计，松本正夫是在大约80米左右的海里，被一种怪物拖走的。

这怪物究竟是什么呢？话说40多年前的一个夏季，澳大利亚潜水员琼斯，身着最新式高级潜水服潜入海中，不一会被一条身长四五米的大鲨鱼发现，鲨鱼紧追不放，奇怪的是鲨鱼并没有加害于他，琼斯继续下潜，发现在他的下方是漆黑的大海沟，琼斯怕再往下有危险，于是他便停止下潜，同时在大海沟周围游动，观察海沟里的情况，这时那条大鲨鱼仍在距离他5米左右的地方游来游去。突然海水变冷，水温迅速下降，琼斯在黑暗的海底中，发现一个灰黑色的怪物缓慢地向上游来。琼斯借助极弱的潜水灯光，发现那是一个从未见过的很大的怪物，看上去好像没有手脚，也没有眼和嘴，像是一块光滑的大板，它慢慢地游动，不时地抖动着身体，

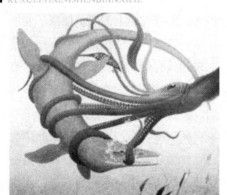

海怪攻击鲨想像意图

这时海水变得更凉了，大鲨鱼不知是由于水冷还是由于恐惧，竟像打了麻醉针一样，浮在水中，动弹不得不一会儿，灰黑色的大怪物便接近鲨鱼，并轻轻地蹭了它，鲨鱼立即抽搐起来，完全失去了抵抗能力，被这大怪物吞了下去。

然后，大怪物却若无其事地重新向深海游去。这个大怪物究竟是什么东西？它的出现为什么会使海水变冷？鲨鱼为什么失去抵抗能力？

但人们确信，50多年前"八蟠九号"船长和潜水员松本正夫的失踪，都和这个大怪物有联系。为了早日揭开这个深海怪物之谜，在20世纪后期，乃至现在许多科学家不惜冒生命危险，经常潜入深海域，继续进行考察。

深海怪物到底是什么呢？这个在20世纪未能解开的生物学界的谜团能在21世纪解开吗？

植物会不会感到害怕

植物不会运动，那么它们有没有感情呢？在受到虫子威胁时会不会感到害怕呢？有些人认为植物也有喜怒哀乐，生物电的变化就是它们情感波动的表现。对植物感情的研究最早来自一个美国人巴科斯特的异想天开。

1966年，巴科斯特给一棵龙血树浇水时，突然想测测水从根部上升的速度，于是把测谎仪的电极绑到龙血树的叶子上。不料测谎仪真的有了反应，指针剧烈摆动，就好像人们情绪激动一样。为了进一步研究，巴科斯特改装了一台测谎仪记录器，能够记录下一些微小的变化。这一次他假装用火柴去烧它的叶子。测谎仪的指针又剧烈地摆动起来，表明龙血树感到了"害怕"。不仅如此，当在它面前杀死其他生物时，龙血树都会产生强烈的反应。难道植物真的会"害怕"吗？

有人认为，巴科斯特的实验并不科学，因为植物没有神经系统，根本无法产生类似动物的神经冲动，形成感情。测谎仪的指针摆动只不过是由于植物体内循环水分的变化引起电流变化而已。

但也有人坚持认为植物也能有感情，水分循环的变化就是受控于它们的"情绪"。一位加尔各答大学的物理学教授设计了一套装置，能够放大并记录植物组织的微小动作。他发现，在给植物喷射麻醉剂之后，植物的叶片就无法对压力作出反应，而一旦它们接触到新鲜空气，对于压力的反应与动物肌肉的反应差不多。究竟谁才是正确的呢？

在20世纪，生物学家们始终没能达成一致的认识。所以植物到底会不会感到害怕又是20世纪的一大生物学难解之谜。

黏菌植物到底是什么

1992年8月，陕西省周至县尚村乡张寨村农民杜战盟，到邻县永安村边的渭河中打捞浮柴。忽然，他感到左脚踩着了一块软乎乎的东西。他把它托到河边一看，原来是一堆"烂肉"似的东西。在伙伴们的帮助下，他把这团"烂肉"拉回家，一称23.5千克。他切下一小块煮食，味道独特，十分好吃。但没有想到，3天后，"肉团"已长成35千克。杜战盟

一家惊讶不已。他随即赶到县城，向有关部门报告了这一怪事。

西北大学生物系教师杨兴中闻讯后，匆匆赶到杜战盟家中。他看着那个奇怪的东西放在一个盛满水的大铁锅中。经测量，长75厘米，宽50厘米，周长110厘米，通体为褐黄色，局部呈珊瑚孔状，内部呈白色，有明显分层，手感柔软。这位从事生物教学和研究的教师一下子愣住了，他也弄不明白眼前的"怪物"是什么。

西安市科委组织西北大学、西安医科大学、西安动物研究所等科研单位进行了鉴定。经生化、生理、动物、植物、细胞、微生物、真菌等方面的13位专家从呼吸、蛋白质含量、活体培养、动物、植物器官和真菌分离等方面对其进行了测定，结果却令专家们惊喜万分。这团"烂肉"既有原生动物特点，又有真菌特点，是世

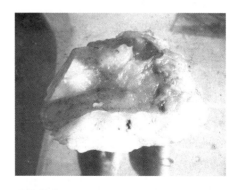

黏菌植物

界罕见的大型黏菌复合体，也是我国首次发现的珍稀生物，有较高的科学研究价值。

在20世纪，黏菌的研究在国际上还是个空白，属于世界生物或植物学领域的一大攻关课题。但是，黏菌旷世罕有，全世界仅在我国唐代珍贵文献和1973年美国阿拉斯加有过两次类似的记载和发现。唐代的记载简单，不足为科学鉴定的依据。美国的发现，由于对黏菌保管不善，3个星期后黏菌便死去，美国研究人员后悔不迭。

1992年10月26日，日本明仁天皇访问西安市，参观了这个大型黏菌复合体，在海洋生物研究方面有着很深造诣的明仁天皇，用手触摸着这个"怪物"说："谢谢你们让我参观这样稀有的东西。"

据西北大学的专家们说，该生物前不久还活着，并且已经长到39千克，研究人员把它放进一个装有自来水的大玻璃缸中，它仍然以3%的增长速度生长着。

经过20世纪的研究，人们知道黏菌属黏菌门，它是介于动物和植物之间的一类生物体。生活史中，有一段具动物性，有一段具植物性。即其营养体为变形虫形无细胞壁的多核原生质团，无叶绿素，行动与摄食方法与原生动物相同。但生殖时间产生孢子，而孢子具有纤维素壁，这又是植物性的。究竟黏菌是植物还是动物，因为它罕见稀有，人们对它研究甚少，直到21世纪的今天还无法确定，但有一点可以肯定，由于它至少具有上述两种物体的特征，为此有很高的研究价值。

从这一点来看，把黏菌植物之谜列入20世纪生物学界的难解之谜一点也不过分。

神奇而美丽的蝴蝶树

在美国蒙特利松林里，有一种松树的树皮呈深绿而近墨黑色。树叶很长，树枝粗糙，表面布满了青苔。奇怪的是，每到秋天，当数不清的彩蝶从北方定期飞往南方去度过寒冷的冬天时，都不约而同地纷纷降落在这些黑松树上而不再往前飞行。它们一个又一个地爬满松树的枝叶，双翅紧合，纹丝不动。很快这儿便成了"蝴蝶世界"，所有这种松树都变成了五光十色的"蝴蝶树"。直到第二年春暖花开时，蝴蝶才悄悄飞去，此时这儿松树依旧，蝶影全无。

"蝴蝶树"成为世界上最奇异的生物现象之一，也是20世纪世界瞩目

云南大理蝴蝶泉

的生物学界的难解之谜之一。甚至现在生物学家们也没能给出一个合理的解释。

无独有偶，我国也有一棵蝴蝶树。我国云南省大理州的蝴蝶泉，是名扬中外的旅游胜地。可提起"蝴蝶树"就鲜为人知了。它也在云南境内，是宾川县米汤乡小鸡山前的一棵大树。每年的端午节前夕，就有成千上万只彩蝶从四面八方飞来，聚集在这棵树上。不到两天，成团成串的彩色蝴蝶就挂满枝头，随风微微颤动，把树枝坠弯成半月形。这时候，在满山青松绿叶的衬托下，这棵"蝴蝶树"就像盛开在万绿丛中的一朵鲜艳的花，特别好看。

如果有人摇一下树干，树上的彩蝶就会铺天盖地飞舞起来，如同漫天花雨，五彩缤纷，绚丽无比。但飞起的蝴蝶并不离去，很快又重新飞落到树上，好像对这棵树有难分难舍之情，它们要在这里聚集几天之后，才逐渐离去。

鲨鱼为什么会救人

1986年1月5日，到南太平洋斐济群岛旅游观光的美国佛罗里达州立大学教育系学生罗莎琳小姐，从马勒库拉岛乘轮渡返回苏瓦。轮渡在海上航行了约半个小时，罗莎琳忽然听到有人高声喊叫："船漏水了！"顿时船上乱作一团。罗莎琳急忙穿上船上预先准备着的救生衣，和两位一起去旅游的同学挣扎着爬上了一条救生艇。这条救生艇上挤着18位逃生者，由于人太多，小艇随时有翻沉的危险。小艇在波涛中颠簸了两三个小时以后，远处出现了一线陆地。心粗胆大的罗莎琳率先跳入海中，她回头高声喊道："胆大的跟我游过去，陆地不远了，不要再坐那该死的小艇了！"接着就有七八个人跟着她跳入海中。这时她看了一下手表，时间是下午4点05分。

在学校里，罗莎琳是出色的游泳能手，但海里浪头太大了，她无法发挥自己的特长，只好让水流带着她往前漂。

罗莎琳在海上漂泊了几个小时。暮色渐渐地笼罩着海面，一轮明月冉冉升起。忽然，她看到远处一根黑色的木头迅速地向她漂过来。很快她就看清楚那块木头原来是一条两三米长的大鲨鱼！罗莎琳惊恐万分，她感到自己已死到临头了，不禁伤心地哭了起来。

鲨鱼狠狠地撞了她一下，然后就张开大口向她咬了过来。但奇怪的是

它没有咬着罗莎琳的身体，而是咬住了她的救生衣，用那尖刀般的牙齿将救生衣撕碎。这条鲨鱼围着罗莎琳团团转，还用尾巴梢去扫她的背。突然又有一条鲨鱼从她的身底下钻了出来，随即在她的周围上蹿下跳，最后竟潜下水去在她的身下浮了上来，这时罗莎琳才发现她竟莫名其妙地骑在这条鲨鱼背上，就像骑在马上似的！

第一条鲨鱼还是在她身边兜圈子，接着她骑的那条鲨鱼又悄悄地溜走了。随后这两条鲨鱼又从她的左右两边冒了上来，把她夹在中间，推着她向前游去。

到天亮的时候，这两条鲨鱼仍然同她在一起。这时候罗莎琳似乎意识到它们为什么要这样做。原来在这两条鲨鱼的外围还有四五条张着血盆大口的鲨鱼在游动，它们的眼睛始终在盯着她，口中露出一排排尖刀般的牙齿。每当那几条鲨鱼冲过来要咬她时，这两条鲨鱼就冲出去抵御它们，把它们赶走。

要是没有这两个"保镖"，罗莎琳早就被撕得粉碎了。当暮色再一次笼罩海面时，这两条鲨鱼还一直在陪伴着她。突然她听到头顶上有嗡嗡声，抬头一看，是一架救援直升机。直升机上放下了救援绳梯。她抓住了绳梯，用尽全身之力爬了上去。爬上

直升机后，罗莎琳从半空中低头往下看，那两条救命鲨鱼已消失得无影无踪。

罗莎琳被送往医院治疗。她后来得知，这个海区经常有鲨鱼出没，其他跳入海中的人都已失踪，显然都已葬身鱼腹了！

鲨鱼，自古以来就被认为是人类在水中的最凶恶的敌害。可是，竟然会有两条鲨鱼拯救了一位落水的姑娘，并保护着她免受同类的伤害。这真是一件不可思议的事！为什么这两条鲨鱼会救人呢？难道它们对人类有着某种特殊的感情？或许是它们把罗莎琳当做了自己的同类？这一离奇事件给20世纪的海洋生物学界留下了一个难解的谜。

物种多样性之谜

陆地和海洋中存在着无数的植物、动物和微生物。它们使这个世界变得完美：将阳光转化为能量，供给其他生物，并使碳和氮在无机和有机两种形式之间转化，改变着地球的景观。环境和生物的相互作用，生物之间的关系等。这些因素和其他的力量到底如何共同作用形成了物种多样性？这个科学家们在20世纪一直在探

讨而又一直没有找到答案的问题，至今仍是个谜。

在一些地方和一些群落中，存在着成百上千的物种，然而在其他地方和群落中，只有很少的物种存在。例如，比起高纬度地区，热带地区是一个物种的天堂。生物学家试图阐明这其中的原因。

首先我们来看看什么是生物的多样性。生物多样性指的是地球上生物圈中所有的生物，即动物、植物、微生物，以及它们所拥有的基因和生存环境。它包含三个层次：遗传多样性，物种多样性，生态系统多样性。

简单地说，生物多样性表现的是千千万万的生物种类。在地球上的热带雨林中生活着全世界半数以上的物种（约500万种），因此，那里的生物多样性最为丰富。我国的生物多样性主要分布在广东、广西、福建、四川、云南等地。

生物多样性具有很高的价值，它不仅可以为工业提供原料，如胶、油脂、芳香油、纤维等，还可以为人类提供各种特殊的基因，如耐寒抗病基因，使培植动植物新品种成为可能。许多野生动植物还是珍贵的药材，为治疗疑难病症提供了可能。

随着环境的污染与破坏，例如森

林砍伐、植被破坏、滥捕乱猎、滥采乱伐等，目前世界上的生物物种正在以每天几十种的速度消失。这是地球资源的巨大损失，因为物种一旦消失，就永不再生。消失的物种不仅会使人类失去一种自然资源，还会通过食物链引起其他物种的消失。如今，人类都在呼吁保护生物多样性并为之付诸行动。

我们至今不知道地球上到底存在多少植物和动物。研究者甚至还不能开始预测微生物的种类和数目。研究进化的科学家也缺少一个标准的时间尺度，因为进化的发生会从几天持续到几百万年。而且，同一个物种内的变化会跟两个相近物种之间的变化几乎相同。我们也不清楚什么样的基因变化会导致一个新物种的产生，基因对物种形成的真正影响到底是什么。

揭示多样性形成的原因需要全面的跨学科的合作，包括古生物学的提示，实地的考察，实验室的工作，基因组的比较和有效的数据分析。一些大的项目，例如，联合国千年计划和世界范围内海洋微生物基因的鉴定，将增加基础的数据，但这些是远远不够的。

古生物学家已经在跟踪许多物种过去一千年内分布和聚集方面取得了一些成果。他们发现，地理分布在物种形成中起了重要作用。进一步的研究将继续揭示大范围的物种分布模式，这或许将对阐明大灭绝的原因和研究这些灾难对新物种的进化的作用带来希望。

通过对植物和动物的实地考察，研究者已经知道环境能够以加速或减慢物种形成的方式影响性状和行为——尤其是性选择。进化生物学家也发现物种形成过程会中断，例如，当分离的种群重新结合时，基因组会被匀质化（否则就会分化）。分子水平的力量，例如，低的突变速率或者减数分裂的驱动——这些情况下特定的等位基因更可能从亲代传到子代——影响了物种形成的速率。

在一些情况下，一个生态系统内的多样性会发生变化，生态系统的边缘的物种多样性有时比中部更低。

对不同的生物群体，这些因素如何以不同的方式相互作用？进化生物学家的研究才刚刚开始，任务是严峻的。

阐明多样性形成的原因对理解地球上正在发生的物种灭绝的本质和找到缓解的手段有非常重要的作用，科学家们仍然努力探索之中。

人可以抗拒衰老吗

生命是一个源于生终于死的过程。在生这一方面，20世纪的成就已彰彰在目。从两个细胞的结合开始，生命已可以受到控制，虽然距离随心所欲的阶段尚远，但体外受精、胚胎移植、胚胎冷冻（可以长达若干年）、胎儿接受手术等在二十几年前还是匪夷所思的事，现在已司空见惯了。然而，在生命的另一方面，困难却大得多，科学家甚至连衰老是怎么形成的，是什么引致自然死亡的，仍然未弄清楚。当然，这不等于对此一无所知。

20世纪末的研究有一观点已普遍为人们所接受：人的生命最长可以达到120岁。一些科学家甚至在20世纪末的时候就预测，如果有足够的科研经费，在21世纪，把最高年寿延长至160岁是有可能的。不过，要首先明确延长生命的真正含义，它不该是没有质量的数量延长，植物人的生命已失去真正意义。延长生命不是为失去活力的生命增加岁月，而是为延长了的岁月增添活力，所以延长生命更正确的说法应该是抗衰老。

环顾身旁和世界，不乏这样两种不同的人：一些人从容貌至活力都比实际年纪要年轻许多；另一些人则未老先衰，或随年龄增长而明显老化，有些更先从大脑开始死亡（老年痴呆）。他们有什么不同？最不相同的一点可能是遗传。美国加州大学的米切尔·罗斯教授，是一位专门从生命进化的角度去研究如何延长生命、对抗衰老的进化生物学家。他以果蝇为研究对象（因为果蝇的生命周期较短，较易看到繁殖后的变化），在进行了70代繁殖后，他成功地把果蝇的生命从40~45天延长到80~90天，即延长了一倍，相当于人活到150岁。这说明一个事实：越是迟生育的果蝇，越是长寿，而他们用来交配繁殖的就是这些较迟繁殖的果蝇。这就第一次证明可以把动物的衰老推迟。

罗斯的发现使人们重新注意到一个生物现象：越是生命周期较长的动物，生育期越迟，生育率也越低。以人类来作纵和横的比较，我们的先辈远较我们早婚、早育、多育，生命也较短；当今世界上，越是人均寿命短的地方，人越是早婚、早育、多育。这是偶然现象，还是必然规律？罗斯曾预测，在25~30年内，他的研究可以带来真正有效的抗衰老成果，这不会是一粒药丸或一剂针药，而是一系列复杂的治疗，包括骨髓细胞移植、

激素治疗、注射某些酶等。

如今，已经到了21世纪，尽管罗斯预期的产品还未问世，但已有科学家在把一些激素类抗衰老药用于人类临床试验，而且效果出人意料的好，这就是生长激素的应用。

但是，人类真的可以通过科学手段把寿命延长到120岁，甚至160岁吗？也许我们可以看到这一天。

第六感真的存在吗

每一个人的一生中恐怕都会有一次碰到突然萌生的奇怪感觉。在看什么东西的时候，会突然意识到：这事有一次曾经发生过，我曾经到过那里，做过这件事，听过这样的话，当时也是这样的灯光……在那一瞬间，大脑给我们发出一个信号，说是它认出了发生的事。这种现象便称之为记忆错觉，也称回忆幻想。人怎么会出现对未来的回忆呢？科学家称这类感觉叫"第六感"。那种似曾相识的感觉，你有过吗？

动物能够通过察觉环境中发生的微妙变化，来感知迫在眉睫的危险。而人类究竟有没有这种可以预知危险的"第六感"呢？20世纪，科学家们对这个问题一直存在着不尽相同的观点。虽然一些学者对人类也同样具有"第六感"的这一说法并不认同，但是美国圣路易斯华盛顿大学的科学家日前经研究证实，人类大脑中确实存在着一个具有早期预警作用的特殊区域。

俄罗斯国立人文大学最高人文学研究所研究人员、哲学副博士列昂尼德·卡拉谢夫有他的一套独到见解。他说，有很多学者都认为记忆错觉是源于过度疲劳、大脑混乱，所以把未知当成已知，他却倾向这是一种"全息摄影错觉"。

生理学上将人类的感官分成五种：视觉、听觉、嗅觉、味觉和触觉。从分子水平上看，这种划分很无道理。我们对外界刺激的感觉，是通过被称为受体的蛋白质进行的。视觉比较独特，通过光受体感觉光线刺激，但听觉和触觉实际上是同一类，都是通过机械性受体感觉机械刺激。嗅觉和味觉也是同一类，它们具有化学受体，感受化学分子，只不过，嗅觉感受的是气体分子，而味觉感受的是液体分子。所以这五种感官，实际上是三种。

尽管科学界还没有给"视、听、嗅、味、触"这五大感觉之外的"第六感"命名，但相关的研究却并不少。科学家曾根据这个感觉的特征直接影响人们感情、情绪，提议将其命名为"类嗅觉"或者"情觉"，而国外目前通常的称法为"费洛蒙感觉"。

第六感研究领域最主要的讯息来源是动物界。动物心理学家丹尼斯·巴登在《动物心理学》一书中，用很大的篇幅描绘了动物的"第六感"。书中提到，1940年希特勒对伦敦进行大规模轰炸，在德国飞机袭击前数小时，有一些猫就在家中来回走动，频频发出尖叫声，有些咬着主人的衣裙拼命往外拉，催促他们迅速逃离。动物发出的种种奇特信号，使得科学家开始破译动物神秘的第六感。英国生物化学家鲁珀特·谢尔德雷克二十年来一直从事科学实验，他认为心灵感应和预感等现象可以从生物角度得到解释，它们是正常的动物行为，它经过了数百万年的演变，是为适应生存的需要而形成的。谢尔德表示，人类的第六感同样是从祖先那里继承的技巧。

在对动物界进行探索后，科学家指出动物界普遍存在着对外激素（信息素）的感觉。外激素是动物分泌的化学物质，用于影响同种动物的行为。通过研究，科学家认定感觉外激素的器官叫做犁鼻器，这是一个位于鼻中隔底部的软骨结构。

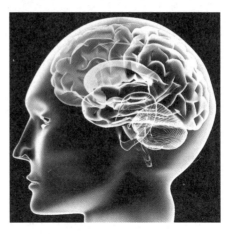

人真的有第六感吗

目前，人类外激素也已被科学界确认，只是，接受人体外激素的器官犁鼻器却已高度退化。只有在胎儿和新生儿中，还有明显的犁鼻器结构。犁鼻器，又被称作费洛蒙鼻嗅器。最先被发现有鼻嗅器的高等动物是蛇类。因为蛇的舌头尖端是分叉的，它常常伸出嘴外品尝空气的特别香气分子，一旦嗅闻到一些气味，它就会把缩回的舌尖放置在口内的鼻嗅器上，以便鼻嗅器感觉。

人类的鼻嗅器最先是由美国的解剖学者在解剖尸体时发现的，后经两位电子显微镜组织学家莫兰及杰夫克证明无误。

美国学者利用研究昆虫触角电析法的测量法，将电极放置在人类鼻嗅器上，再将讯号放大，结果发现，和其他昆虫、老鼠一样，可以测量出不同化合物所引起的直流电压变化。结果显示，男性的鼻嗅器对女性皮肤分泌的醇类物质特别敏感；而女性的鼻嗅器对男性皮肤分泌的酮类物质特别敏感。那么从鼻嗅器测量出来的反应，跟嗅觉有什么不同吗？为什么要叫它为第六感呢？因为鼻嗅器和鼻内的嗅觉上皮层位置不一样，而且后者有神经和大脑相联接，而前者尚未找到与大脑联接的神经。

与此同时，随着更多的科学研究，科学家发现在人类身上还存在着其他"第六感官"，这些也是通过对动物的比较研究得出的。鲨鱼在捕猎和水中游弋时能迅速地感知到电流信号。这种超强的能力曾被视为鲨鱼的第六感。美国弗罗里达大学的马丁·科恩及其实验室称发现了这一第六感官，并指出人类也具有此感官。该文曾发表在《进化与发展》杂志上。

马丁·科恩指出，鲨鱼头部有个能探测到电流的特殊细胞网状系统，被称为电感受器。鲨鱼就利用电感受器来捕食猎物。同样，鲨鱼还能借助地球磁场在浩瀚无边的海洋中辨别方向。马丁·科恩认为这就是鲨鱼具有第六感的表现。

为了对鲨鱼的第六感进行探究，美国研究人员对小斑点猫鲨的胚胎进行了研究。通过分子测试，他们在鲨鱼的电感受器中发现了神经嵴细胞的两种独立基因标志。神经嵴细胞是胚胎发育早期形成各种组织的胚胎细胞。研究结果显示，神经嵴细胞从鲨鱼的脑部转移至其头部的各个区域，并在其头部发育为电感受器，成为鲨鱼独特的"第六感"。

人类的神经嵴细胞对人面部骨骼和牙齿的形成起着重要的作用。研究成员之一、路易斯安那大学的生物学家詹姆斯·阿伯特表示人类也曾具有这样的电流感受能力。科学家认为所有的原始脊椎动物，包括人类早期祖先在内都具有电流感受能力。但随着它们的进化，哺乳动物、爬行动物、鸟类和其他一些海洋生物，如鲟鱼和七鳃鳗等还仍旧保留着这种"超能力"。

动物的第六感给科学家以参照，有学者进一步认定，人类的认知系统中也有着独特的"第六感"。

2005年，美国有科学家撰文称，人类大脑可能具有"盲视"的功能。人类可以不通过感觉器官而直接感应到外界信息，近似于一种"第六感"。华盛顿大学的科学家指出，大脑额叶部区域可早于人类意识之前感知到危险，并且提供早期的警告帮助人类逃脱。研究人员在研究中发现，脑部的一块区域——又被称为前扣带皮质，可能会觉察出环境中细微的变化，并起到预警作用，提醒人们逃脱困境。

大脑能给人预警，是人类的潜意识问题，并不能简单地等同于第六感。"这是一个信息处理区域，根据信息在决定形成过程中的作用来区分处理的先后顺序。看起来，它能够把有关动机和效果的信息联系起来，从而带来认知的变化，改变人们对事物的看法。"圣路易斯华盛顿大学心理学研究员约书亚·布朗博士表示，当我们有可能犯错误时，甚至在必须做出困难决定之前，前扣带皮质实际上已经察觉到了这种"困境"，因此前扣带皮质在大脑对外界的认知与反映中便担当了一个早期的警告系统。当我们的行为可能导致负面结果时，前扣带皮质便预先警告我们，让我们更小心，避免犯错。

实验中，研究人员让健康的年轻人响应在计算机屏幕上出现的一系列信号。参加者必须根据屏幕上所出现的箭头的方向很快地按键盘上的按键。但为了试验出被测试者处理未知事件时脑部运动状况，研究人员有时会插入另一个较大的蓝色箭头，使得参加者必须转换思维，而按另一按键。扫描参加者的脑部活动显示，最后只要仅仅显示与较大箭头相关的蓝色，就足以发动前扣带皮质的活动。研究人员解释，这项研究表明脑部的这块区域提早了解到事物信息，尽管

你未必能意识到它。

研究人员指出，我们所感知世界的信息就像一座冰山，但以意识的方式呈现出来的却仅为冰山一角。很多的信息只能是处于非意识状态，存储在我们大脑的某个部位。当在某些情况下，这些信息会"莫名"地呈现，但之前我们也是完成了一个对此信息的存储过程，只是一直处于"潜在状态"。因此，大脑早于我们意识进行一些脑部运动，也是属于大脑认知活动的正常范围。

有关第六感的讨论和研究，不仅是20世纪的科学难题，也是21世纪科学家最关注的难题之一。希望有一天科学发展到一定水平能够帮助人们解开"第六感"的秘密。

神奇的安慰剂效应

安慰剂效应，又名伪药效应、假药效应、代设剂效应，指病人虽然获得无效的治疗，但却"预料"或"相信"治疗有效，而让病患症状得到舒缓的现象。有人认为这是一个值得注意的人类生理反应，但亦有人认为这是医学实验设计所产生的错觉。这个现象无论是否真的存在，科学家至今仍未能完全理解。

安慰剂效应于1955年由毕阙博士

提出，也理解为"非特定效应"或受试者期望效应。一个性质完全相反的效应亦同时存在——反安慰剂效应：病人不相信治疗有效，可能会令病情恶化。反安慰剂效应可以使用检测安慰剂效应相同的方法检测出来。例如一组服用无效药物的对照群组，会出现病情恶化的现象。这个现象是由于接受药物的人士对于药物的效力抱有负面的态度，因而抵销了安慰剂效应，出现了反安慰剂效应。这个效应并不是由所服用的药物引起，而是基于病人心理上对康复的期望。

医务人员可以利用安慰剂，以激发病人的安慰剂效应。当对某种药坚信不移时，就可增强该药物的治疗效果，提高医疗质量。当某种新药问世，评价其疗效价值时，要把药物的安慰剂效应估计进去。如果某种新药的疗效与安慰剂的疗效经试用后，相差不大，没有显著的差异时，这种新药的临床使用价值就不大。这也就是为什么一些新药刚刚问世时，人们往往把它们当作灵丹妙药，而经过一段时间的使用后，其热潮消失、身价下降的原因。安慰剂效应在药物使用过程中比比皆是。甚至如心绞痛这样严重的器质性疾病，使用安慰剂也有三分之一以上的患者获得症状的改善，许多镇痛剂都具有明显的安慰剂效应。还有一些病人，在使用安慰剂时，也可出现

恶心、头痛、头晕及嗜睡的药物副反应，这也属于安慰剂效应。

使用安慰剂时容易出现相应的心理和生理效应的人，被称为安慰剂反应者。这种人的人格特点是：好与人交往、有依赖性、易受暗示、自信心不足、好注意自身的各种生理变化和不适感、有疑病倾向和神经质。

安慰剂效应是一种不稳定状态，可以随疾病的性质、病后的心理状态、不适或病感的程度和自我评价，以及医务人员的言行和环境医疗气氛的变化而变化。所以，就出现了安慰剂效应有时明显，有时不明显，或根本没有的现象。我们应当记住，在病人中安慰剂效应是较易出现的，大约有35%的躯体疾病病人和40%的精神病病人都会出现此种效应。也正由于病人有此心理特点，才使江湖医生和巫医术士得以有活动市场，施展其术。

有报告记录到大约四分之一服用安慰剂的病人，例如，声称可以医治背痛的安慰剂使有关痛症得到舒缓。这些痛症的舒缓，不单是靠病人报称，而是可以利用客观的方法检测得到。这个痛症改善的现象，并没有出现于非接受安慰剂的病人身上。由于发现了这个效应，政府管制机关规定新药必须通过临床的安慰剂对照测试，方能获得认可。测试结果不单要证明患者对药物有反应，而且测试结

果要与服用安慰剂的对照群组作比较，证明该药物比安慰剂更为有效。由于医生对有关疗程实用性的观感会影响其表现，亦可影响病人对疗程的观感。因此，此药物测试必须以双盲方式进行：医生及病人都不会知道该药物是否是安慰剂。

临床还发现，模拟手术也会出现相似的现象，所以，有部分的外科手术技术必须进行安慰剂对照研究（极少会以双盲方式进行，原因很明显）。为了使测试得到支持，药物测试群组会比安慰剂对照群组获得更好的待遇。几乎所有以这个对照方式进行的研究都显示安慰剂可改善病情。

但是，一般研究项目都没有加设一个不接受任何治疗的群组作对照，因此很难推算出安慰剂效应实际的影响程度。"安慰剂效应"与"反安慰剂效应"的提出，已经五十多年了，却仍然很明确地时常出现在实验的医疗情境里。而这种效应之所以会存在，就表示人与人之间的信任在医病关系中是非常重要的。因此"人性关怀"绝不能在医病沟通中缺席，医疗生态应该用心经营一个"信任及安心"的区块。

美国牙医约翰·杜斯在其27年行医生涯中，就常常遇到这种情况：一些牙痛患者在来到杜斯的诊所后便说："一来这里我的感觉就好多

了。"其实他们并未说假话——因为可能他们觉得马上会有人来处理他们的牙病了，从而情绪便放松了下来；也可能像参加了宗教仪式一样，当他们接触到医生的手时，病痛便得以缓解了……实际上，这和安慰剂所起的作用大同小异。

作为全美医疗作假委员会的创始人，杜斯医生对安慰剂研究的兴趣始于其对医疗作假案件的调查。他指出，牙医和其他医生一样，有时用误导或夸大医疗需求的办法来引诱病人买药或接受较费钱的手术。为了具体说明"安慰剂效应"究竟是怎么回事，他援引了美国医疗协会期刊刊登的有关末梢神经痛的研究成果。据悉，接受试验的人员分为四组：A组服用一种温和的镇痛药；B组服用色泽形状相似的假药；C组接受针灸治疗；而D组接受的是假装的针灸治疗。试验结果显示：四组人员的痛感均得以减轻，四种不同方法的镇痛效果并无明显差异。这说明，镇痛药和针灸的效果并不见得一定比安慰剂或安慰行为更为奏效。

实际上，人类使用安慰剂的历史已相当悠久。早在抗菌素发明以前，医生们便常常给病人服用一些明知无用的粉末，而病人还满以为有了希望。最后，在其中某些病例中，病人果真奇迹般地康复了，有的甚至还平

安地渡过了危险期，诸如鼠疫、猩红热等。

有一个典型的"安慰剂效应"的试验，在实验对象身上制造疼痛，然后使用吗啡控制这种疼痛。一天这样做几次，连续进行几天，直到实验的最后一天，用生理盐水取代吗啡溶液。猜猜发生了什么？像吗啡一样，生理盐水也有效地抑制了实验对象的疼痛。

这就是所谓的安慰剂效应。有时候，一些平常的东西会因为某种原因具有强大的威力。意大利图林大学的法布里齐奥·贝内代蒂在做上述实验时，在最后一天的生理盐水中加入了吗啡抗药物烯丙羟吗啡酮。出现了怎样的惊人结果呢？生理盐水抑制疼痛的能力消失了。几十年来，医生们都知道存在安慰剂效应，而烯丙羟吗啡酮的实验结果似乎显示，安慰剂效应在某种程度上是一种生化反应。但除此以外，人类对安慰剂效应一无所知。

后来，贝内代蒂又证明，用生理盐水做成的安慰剂还可以缓解帕金森病患者的震颤和肌肉僵直症状。在给病人注射生理盐水的同时，贝内代蒂和他的研究组对病人脑部的神经元活动进行了测量。他们发现，随着生理盐水的注入，病人丘脑下部的神经核团兴奋程度有所降低，神经元的"应

激兴奋"次数也有所减少：生理盐水显然产生了效果。

贝内代蒂说，研究人员对在这一过程中究竟发生了什么事还不是很清楚，但有一点非常明确：大脑能够影响到身体的生化活动。他说："对治疗效果的期待和实际的治疗效果之间的关系是理解大脑和身体之间相互作用的一个很好模式。"

完全依赖于心理咨询中的实际效果，经实验证明很可靠和很有效的疗法之一是安慰剂效应。这种非常有力的现象凭借的是信念，即我们的健康好转是因为我们相信身体将要好转。

服用安慰剂"药物"的人相信那是真实的药物，因而果然能体验到疼痛或其他症状的显著减轻，尽管安慰剂并没有什么生物化学作用。安慰剂效应是一种非常强有力的现象，能使至少三分之一甚至更多的患者病症显著改善。安慰剂药物和安慰剂医疗过程已证明对一大批病症有效，包括长期性病痛、高血压、心绞痛、抑郁、精神分裂症甚至癌症，这是20世纪对神秘魔术、巫术、用水蛭放血、拜药王庙、仙丹等乱七八糟的疗法的实验继续。

安慰剂效应是我们心理预期能操控来自于身体的信号的明显例证。安慰剂只有在患者相信其作用时才会十分有效。如果心理医生说服患者相信

这种治疗会使他们身体症状好转，或者提供安慰剂的方式能够增强其心理效果，安慰剂药物或医疗过程的效力会大大提高。举例来说，注射安慰剂比服用安慰剂通常效果要好，这是因为注射药物比吞服药片能产生更大的心理影响。研究发现，以药片的方式服用安慰剂时，其颜色、大小和形状都会影响其效果。

产生安慰剂效应的心理和生理机制相当复杂，还没有得到很好的了解。一些科学家认为，这是大脑在紧张时释放的内啡肽等缓解疼痛的吗啡类化学物质所起的作用。其他科学家则认为，这是某种形式的条件反射作用。不论产生安慰剂效应是哪种机制，精神作用无疑是起着非常关键的作用。

现在，研究人员还需要识别安慰剂在什么时候、在什么地方能够发挥作用。也许安慰剂对某些疾病不会产生作用；也许在不同的疾病之间存在某种共同机理，问题还很多，这些问题迄今还没有答案。

人类意识产生之谜

现代医学认为，意识是从大脑中数以亿计的神经元的协作中涌现出来的。虽然科学家们已经对意识有了一定的了解，但是对意识是如何产生的仍然有着困惑。

要研究意识问题，首先就要知道哪些东西需要我们去解释。当然，我们大体上都知道什么是意识。但遗憾的是，仅仅如此是不够的。心理学家常向我们表明，有关心理活动的常识可能把我们引入歧途，显然，第一步就是要弄清楚多年来心理学家所认定的意识的本质特征。当然，他们的观点未必完全正确，但至少他们对此问题的某些想法将为我们提供一个出发点。

大约在19世纪后期，当心理学开始成为一门实验科学的时候，就有许多人对意识问题怀有极大的兴趣，尽管这个词的确切含义当时还不太清楚。那时研究意识的主要方法就是进行详细的、系统的内省，尤其是在德国。人们希望，在内省成为一项可靠的技术之前，通过对它的精心改进而使心理学变得更加科学。

美国心理学家威廉·詹姆斯较详尽地讨论了意识问题。在他1890年首次出版的巨著《心理学原理》一书中，描述了被他称为"思想"的五种特性。他写道，每一个思想都是个人意识的一部分。思想总是在变化之中，在感觉上是连续的，并且似乎可以处理与自身无关的问题。另外，思想可以集中到某些物体而移开其他物体。换句话说，它涉及注意。关于注意，他写下了这样一段经常被人引用的话："每个人都知道注意是什么，它以清晰和鲜明的方式，利用意向从若干个同时可能出现的物体或一系列思想中选取其中的一个……这意味着舍掉某些东西以便更有效地处理另外一些。"

在19世纪，我们还可以发现意识与记忆紧密联系的想法；詹姆斯曾引用法国人查尔斯·理查德1884年的一段话："片刻的苦痛微不足道，对我而言，我宁愿忍受疼痛，哪怕它是剧烈的，只要它持续的时间很短，而且，在疼痛过去之后，永远不再出现并永远从记忆中消失。"并非脑的全部操作都是有意识的。许多心理学家相信，存在某些下意识或潜意识的过程。例如，19世纪德国物理学家和生理学家赫尔曼·冯·亥姆霍兹在谈到知觉时就经常使用"无意识推论"这种术语，他想借此说明，在逻辑结构上，知觉与通常推论所表达的含义类似，但基本上又是无意识的。

20世纪初期，潜意识和无意识的概念变得非常流行，特别是在医学界。这主要是因为弗洛伊德、荣格及其合作者给医学赋予了某种性的情趣。按现代的标准看，弗洛伊德不能算作科学家，而应该被视为既有许多新思想，又有许多优秀著作的医生。正因为如此，他成为精神分析学派的奠基人。

早在一百年前，三个基本的观点就已经盛行：

1．并非大脑的全部操作都与意识有关。

2．意识涉及某种形式的记忆，可能是极短时的记忆。

3．意识与注意有密切的关系。

但不幸的是，在心理学研究中兴起了一场运动，它否定意识的应用价值，把它看成是一个纯心理学概念，这部分原因是由于涉及内省的实验不再是研究的主流，另一方面，人们希望通过研究行为，特别是动物的行为，使心理学研究更具科学性。因为，对实验者而言，行为实验具有确定的观察结果。这就是行为主义运动，它回避谈论精神事件。一切行为都必须用刺激和反应去解释。

约翰·沃森等人在第一次世界大战前发起的这场行为主义运动，在美国盛行一时，并且由于以斯金纳为代表的许多著名鼓吹者的影响，该运动在20世纪三四十年代达到顶峰。尽管在欧洲还存在以格式塔为代表的心理学派，但至少在美国，直至20世纪50年代后期和20世纪60年代认知心理学成为受科学界尊重的学科之前，心理学家从不谈论精神事件。在此之后，才有可能去研究视觉意象，并且在原来用于描述数字计算机行为的概念基

西格蒙德·弗洛伊德，1856.5.6－1939.9.23），犹太人，奥地利精神病医生及精神分析学家。精神分析学派的创始人。

础之上，提出各种精神过程的心理学模型。即便如此，意识还是很少被人提及，也很少有人去尝试区分脑内的有意识和无意识活动。

神经科学家在研究实验动物的大脑时也是如此，神经解剖学几乎都是研究死亡后的动物（包括人类），而神经生理学家大都只研究麻醉后丧失意识的动物，此时受试对象已不可能具有任何痛苦的感觉了。特别是20世纪50年代后期，戴维·休伯和托斯滕·威塞尔作出划时代的发现以后，情况更是如此。他们曾发现，麻醉后的猫大脑视皮层上的神经细胞，对入射到其眼内的光照模式呈现一系列有趣的反应特性。尽管脑电波显示，此时猫处于睡眠而非清醒的状态。

要研究清醒状态下动物脑神经反应的特性，是一件更加困难的事情（此时不仅需要约束头部运动，还要禁止眼动或详细记录眼动）。因此，很少有人做比较同一个大脑细胞在清醒和睡眠两种状态下，对同一视觉信号的反应特性的实验，传统的神经科学家回避意识问题，这不仅仅是因为实验上的困难，还因为他们认为这一问题太具哲学味道，很难通过实验加以观测。一个神经科学家要想专门去研究意识问题，很难获得资助。

生理学家们至今还不大关心意识问题，但在近几年，某些心理学家开始涉及这一问题。他们的共同点就是忽视神经细胞或者说对它们缺少兴趣，他们主要想用标准的心理学方法对理解意识作出贡献。他们把大脑视为一个不透明的"黑箱"，我们只知道它的各种输入（如感觉输入）所产生的输出（它产生的行为）。他们根据对精神的常识性了解和某些一般性概念建立模型。该模型使用工程和计算术语表达精神。

关于"意识"研究的结论，总结于下：

1. 关于什么是意识，每个人都

有一个粗略的想法。因此，最好先不要给它下精确的定义，因为过早下定义是十分不理智的，在对这一问题有较深入地了解之前，任何正式的定义都有可能引起误解或过分的限制。

2. 详细争论什么是意识还为时过早，尽管这种探讨可能有助于理解意识的属性。当我们对某种事物的定义还含糊不清时，过多地考虑该事物的功能毕竟是令人奇怪的。众所周知，没有意识你就只能处理一些熟悉的日常情况，或者只能对新环境下非常有限的信息作出反应。

3. 某些种类的动物，特别是高等哺乳动物可能具有意识的某些（而不需要全部）重要特征。因此，用这些动物进行的适当的实验有助于揭示意识的内在机制。因此，语言系统（人类具有的那种类型）对意识来说不是本质的东西，也就是说，没有语言仍然可以具有意识的关键特征。当然，这并不是说语言对丰富意识没有重要作用。

4. 在现阶段，争论某些低等动物如章鱼、果蝇或线虫等是否具有意识是无益的。因为意识可能与神经系统的复杂程度有关。当我们不论在原理上和细节上都清楚地了解了人类的意识时，这才是我们考虑非常低等动物的意识问题的时候。

出于同样原因，我们也不会提出，我们自身的神经系统的某些部分是否具有它们特殊的、孤立的意识这样的问题。

5. 意识具有多种形式，比如与看、思考、情绪、疼痛等相联系的意识形式。自我意识，即与自身有关的意识，可能是意识的一种特殊情况。但姑且还是先将它放在一边为好。某些相当异常的状态，如催眠、白日梦、梦游等，由于它们没有能给实验带来好处的特殊特征，我们在此也不予考虑。如果这看来像是唬人的话，你不妨给我定义一下基因这个词，尽管我们对基因已经了解许多，但任何一个简单的定义很可能都是不充分的，可想而知，当我们对某一问题知之甚少时，去定义一个生物学术语是多么困难。

以上只是心理学家们对意识的探讨，但是究竟意识是什么以及它是如何产生的，到现在还没有定论。

费解的物理学之谜

FEIJIEDEWULIXUEZHIMI

物质的另外四种形态

物质存在有几种形态呢？人们看到这个问题，也许会十分肯定地回答，物质存在有三态，即气态、液态、固态。

但其实这个认识并不完全正确。在气态中，组成气体的原子或分子的能量非常高，各个分离的分子间的引力较低，以致各个分子可以独立地进行不规则的运动。如果分子或原子的能量降低到某点，那么分子就不能再保持其独立性而相互之间开始发生关联，但此时尚有足够的能量可供给分子进行运动，使分子在其他分子之间流动，这就是液体。假使分子的能量进一步降低到某一点时，分子之间的联系更加紧密，各个分离的分子不能互相流动，而被固定到了某个位置上，这时我们就称之为固态。

然而，随着科学的不断发展，人们渐渐地发现，物质好像并不是严格地按照这三种状态存在着，在它们之外，还有着其他存在的形式。

到了现代，有科学家提出，物质还存在着另外四种形式，即等离子态、超高压态、辐射场态、超离子态。

等离子态：当温度升高到数百万度或更高时，物质组成的基本单元——原子的核外电子，就会全部变成游离状态，此时气体就成为自由电子和裸露的原子核的混合物了。根据科学家的研究认为，在一定的超高温的条件下，任何物质都有可能成为等离子态。例如水银灯中、雷雨天中的闪电里都有这种等离子态存在。目前，等离子态已被广泛地应用于高能物理研究、激光、核聚变等。

超高压态：如果对于某种物质施加几百万个大气压时，其物质中原子核的核外电子就会被压变形，使带负电的电子和带正电的原子核压在一起，这样物质就会变得结构十分密集。其密度大得惊人，每立方厘米的超固态物质，可达几万吨。天文学家是最早的超高压态的发现者，他们通过对宇宙中的矮星、中子星等观察，

等离子态

推测这些星球的密度就处于这种超高压态。目前，这种超高压态的物质在我们地球上也成功地被制造，由于其密度极大而十分坚硬，通常用于钻探、切割等方面。

对于超离子态、辐射场态目前了解得还很少，至于它们将会为人类带来什么样的影响，我们暂时无法预知。在我们对物质形态有所了解之后，又发现了这几种物质存在形式，那么物质是否还有其他的存在形式呢？科学家们在20世纪始终没能弄清这个问题，看来只能由未来人告诉我们答案了。

物质的无限可分性

我国古代哲学家庄子说："一尺之棰，日取其半，万世不竭。"指出了物质的无限可分性。但是，人们对物质的无限可分性，是逐步认识到的，夸克模式的提出，就是人对这一认识的深化。

在人们开始认识物质世界的时候，就提出了各种各样的说法。古希腊的一些哲学家认为，世上各种各样的物质，都是由一些永远不变，不可再分的基本单位构成，他们把这种基本单位叫原子。直到16世纪后叶，

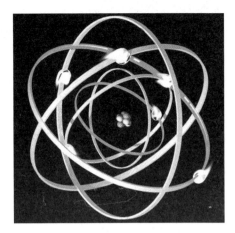

原子模型

才由物理学家证实了原子的存在。后来，意大利科学家阿伏伽德罗又提出了分子学说，补充了道尔顿的原子论。由此人们便形成了这样一种思维模式：物质由分子组成，分子由原子组成，原子不能再分。

到19世纪末，原子不可分的模式受到了冲击，美国科学家汤姆逊发现了比原子小得多的粒子——电子。接着，科学家们查明，原子中心有一个很小的原子核，有些电子围着原子核运转。

到20世纪30年代，人们又发现了原子是由质子和中子组成的。质子带正电，中子是电中性，二者比电子重一千八百多倍。后来在宇宙线中又发现了电子的反粒子——正电子，同电子一样重，但带正电。后来人们

又发现，电磁波和光也是由叫光子的粒子组成。这样，人们就发现了比原子更深入的一个新层次——属质子、中子、电子一个层次的正电子、中微子、μ子、τ子等。人们以为发现了构成物质世界的最基本单位，因此就称为基本粒子，认为他们是组成各种物质的永远不变、不可再分的基本单位。

可是后来人们发现的一些现象说明，基本粒子并不"基本"，在强子内部，还应有更小、更基本的东西。

对此，日本物理学家权田昌一于1956年提出了著名的坂田模型，认为强子是由质子、中子、A超子等三种基础粒子及其反粒子组成。到了1964年，美国物理学家盖尔曼改进了坂田模型，保留了三种"基础粒子"，但不是质子、中子和A超子，而是由某种未知的、具有一定对称性的东西——夸克组成。

为什么叫夸克呢？说来夸克的命名还有一个有趣的故事。在英国小说家詹姆斯·乔埃斯的小说《劳尼根斯彻夜祭》中，有这样几句诗：

"夸克……夸克……夸克"，

三五海鸟把脖子伸直，一齐冲着绅士马克。

除了三声"夸克"，马克一无所得；

除了冀求的目标，

全部都归马克。

至高无上的天帝，

把身子躲在云里，

窥视下界，

不由得连连叹息。

马克先生啊，可笑可怜，

黑暗中拼命呼唤着——"我的衬衣，衬衣，"

为寻找那条沾满污泥的长裤，

蹒跚在公园深处，一步一跌。

小说描绘了劳恩先生的生活情况。他有时以马克先生的面目出现。夸克指海鸟的鸣叫声，又指马克的三个儿子，而马克又时时通过儿子的行为来表现自己。盖尔曼设想在一个质子里包含着3个未知粒子，便随意地给他取名为"夸克"。我国则习惯把"夸克"叫"层子"，意为是比电子、质子、中子这些基本粒子更下层的粒子。

盖尔曼的夸克模式指出，这种粒子的最大特点是带分数电荷，并设想可能存在三种夸克——质子夸克、中子夸克和奇异夸克。到1974至1976年间，有人又把夸克家族增加到6个，即粲夸克、上夸克、下夸克。

既然设想到了夸克的存在，那么夸克到底在什么地方呢？有人认为夸克像蹲监狱一样，被关在强子里面。

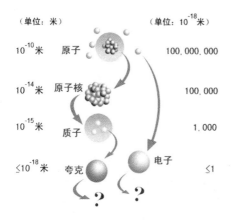

物理结构

强子就像一个口袋，夸克被关在里面，它可以在口袋里自由运动，但不允许离开口袋，要想把夸克从口袋里弄出来，必须提供极大的能量，但20世纪，甚至现在的科学水平还办不到。

尽管夸克还处在假设阶段，有些物理学家又开始考虑比夸克更下一层的粒子了。欧洲核子研究中心的德·罗杰拉已经为组成夸克的粒子起名为"格里克"。后来，人们提出了五花八门的亚夸克模型，起了各种各样的名称，如亚夸克、前夸克、前子或初子，还有叫奎斯、阿尔法的。

1974年，美国物理学家帕堤和萨拉姆提出了这样的亚夸克模型：

i味子：p、n、λ、x，自旋S=1／2；

ii色子：r、y、g、1，自旋s=0。

它们可构成夸克ur=（pr）、uy=（py）、ug=（pg）等。还有构成轻子：e=（n1）、yu=（x1）、μ=（λ1）等等。

1977年，日本东京大学核物理研究所寺泽英纯教授在以上模型基础上，又提出了一种新的模型：夸克=味子+色子+代子，这些味子、色子和代子，均是自旋为1／2的亚夸克。不管提出的模型有多么不同，但都认为夸克还有下一个层次，所以，我国把亚夸克又称"亚层子"。

到底夸克是个什么面貌？亚夸克是否真的存在？科学家在20世纪没有得出问题的结论。未来的科学或许解开这个谜题。

金字塔的能量之谜

20世纪40年代，一位名叫布菲的法国人来到埃及，进入胡夫金字塔参观。在胡夫墓室内，他发现一些干瘪的小动物尸体。看样子它们自己跑进来，已死去很久。室内虽然并不干燥，但尸体一点也不腐烂发臭。布菲十分纳闷，沉思了一会，突然灵机一动，他想可能是金字塔形的建筑使它们变成了木乃伊。

埃及金字塔

回国后，他按胡夫金字塔千分之一的比例，用木板制作了一个缺底的小金字塔模型。他把模型按南北方向放置，在中轴线距塔底三分之一高的地方，即胡夫殡室的位置上安放了一只刚死的猫。奇怪的现象发生了。过了一些日子，死猫成了一具木乃伊。布菲又对其他的有机物进行试验，也得到了同样的结果。

此后，捷克无线电工程师卡里尔·杜拜尔偶然翻阅布菲的论文集时，读到布菲用马粪纸做胡夫金字塔模型试验情况。杜拜尔心想，这种实验太容易了，不妨自己也来试试。于是，他用三毫米厚的马粪纸，按胡夫金字塔的比例，做了几个30厘米高的模型，进行第一次实验。结果他吃惊地发现，放在模型内的牛肉、羊肉、鸡蛋、花朵、死青蛙、壁虎等果然变干而不腐。实验获得初步成功后，他就与布菲通信，两人保持着经常的联系。

杜拜尔不断地试验，探讨模型内究竟存在什么能量。有一次，他将一把刮胡子刀片放在模型内，满以为它将变钝，但结果却相反，刀片变得更锋利，他用这把刀片刮了50次胡子。这样，他就开始研究金字塔模型对刀片的影响。他做了一个15厘米高的模型，把刀片平放在塔内距塔底三分之一高的地方，刀片的两端对准南北方向，模型本身也按南北放置。几次试验，结果雷同。一种极其简单而又神奇的磨刀片器——马粪纸的胡夫金字塔模型就这样发明了。

1949年，杜拜尔正式向捷克首都布拉格有关部门申请注册"法老磨刀片器"的发明权。在捷克，一般专利发明权至多3年即可批准。但这项编号为91304的发明经过了整整10年的周折，直到1959年才批下。其间，杜拜尔竭力说服专利委员会，并向委员会主席提供了一个模型。该主席亲自进行试验，最后表示这项发明确有实效，它并不是什么欺骗或魔术。与此同时，杜拜尔还探索模型磨刀片的原理。杜拜尔在一家无线电研究所工作。他可以了解当时世界上最新的科技情报。并充分利用所里的设备与仪器。他把实验扩大到收音机、雷达、宇宙线和其他射线中，研究用马粪纸这样的绝缘体制成的金字塔模型，其内部的空间产生着什么样的震荡，这种震荡又和地球磁场与刀刃之间有什么关系。最后，他得出一种假设，或称为一个定理：来自太阳的宇宙微波，通过聚集于塔内的地球磁场，活跃了模型内的震荡波，使刀片"脱水"变锋利。

这种特性不局限于胡夫金字塔模型，其他形状和大小的金字塔模型也能对刀片产生同样的作用。他在申请

专利权的报告中说，这种磨刀片器与胡夫法老本人毫无关系。金字塔状结构物内部的空间产生着一种自动的更新运动。金字塔空间产生的能量仅仅来自宇宙和地球的引力、电场、磁场和电磁场，它通过太阳发射的混合光线中看不见的射线起作用。在塔内空间激起的这股力量，能减轻由于多次刮胡子而引起刀口内部结构出现的毛病和变钝现象，但是，这股力量的影响仅仅局限于刀口变钝，而不是刀口所受到的外形损伤。因此，这种刀片必须是用上等的钢材制造的。一把刀片通常只能使用25~30次，但结果每次用毕后放在金字塔模型内24小时，那么，每次刮胡子后的钝化现象即可消除，刀片的使用寿命将会延长。

杜拜尔还说，金字塔内部的空间形状与空间内所进行的自然、化学、生物进程有关。如果我们使用某种几何图形作外形，那么这种外形就会加速或延缓它内部空间里的自然进程。这项发明虽然采用金字塔形，但其他形状的结构空间也可产生这种作用。此外，也可用其他绝缘体来制造这种结构物。为什么一定要用绝缘体呢？他解释说，微波可以穿透绝缘体，活跃模型内的震荡波，而导体则不行。

据说，杜拜尔所发明的"法老磨刀片器"在捷克商店里广泛地出售，

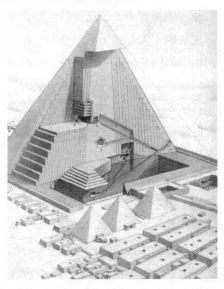

金字塔内部结构

人们习以为常地用它来磨刀片。这种磨刀片器在西欧、苏联、美国、加拿大、澳大利亚等国也很流行，杜拜尔声称，他收到几千封买主的来信，没有一人抱怨这种磨刀片器不灵的。

1970年，杜拜尔与他人合著的《在铁幕背后的惊人发现》一书问世。书中汇集了他多年来研究"金字塔能"的全部论文。该书很快地被译成多种文字，开创了研究"金字塔能"的先河，在西方掀起了一股试验"金字塔能"的热潮。各种专业的学者和金字塔迷纷纷用马粪纸、塑料、木板、玻璃制作金字塔模型，对它的特性进行了广泛的研究。有一些国家建立了"金字塔产品公司"，专门出售大大小小的金字塔模型，供试验用。有关"金字塔能"的论文和著作大量地发表、出版。1973年，在美国的华盛顿成立了专门收集各国研究"金字塔能"成果的征集机构。在研究"金字塔能"书籍中，比较出名的有《大金字塔的秘密》《金字塔能》《神秘的金字塔能》《金字塔的心理动力》等。这些书大多介绍用金字塔及其他形状的模型进行各种实验和各方面的"科研成果"。

一些科学家说，实验的结果表明，把肉食、蔬菜、水果、牛奶等放在金字塔模型内，可保持长期新鲜不腐，现在法国、意大利等国的一些乳制品公司已把这项实验成果运用于生产实践之中，采用金字塔形的塑料袋盛鲜牛奶。据说，比起其他的包装形式，金字塔形内的鲜牛奶存放时间最长。

把种子放在金字塔模型内，可加快出芽；断根的作物栽在模型内的土壤里，可促其继续生长。金字塔形温室里的作物，生长快，产量高。有人建议，为提高葡萄的产量，增加它的含糖量，葡萄棚应搭成正方形，并使葡萄茎正对南北方向，以吸收更多的地磁。

把自来水放在金字塔模型内，25小时后取出，称之为"金字塔水"。

这种水在塔里所获得的能源被"禁锢"在水分子之中，它有着许多神奇的功效，可放入冰箱或其他潮湿的地方，长期贮藏，以备不时之需。用"金字塔水"泡茶、煮咖啡、冲牛奶、制作清凉饮料，味更醇；用它烧菜、熬汤，比用普通水味道更鲜美；每天喝杯"金字塔水"能健胃，助消化，医治神经紊乱；用它洗脸，可使皮肤娇嫩；它能消瘀止痛，减轻关节炎患者的痛苦，甚至治好关节炎；它对医治粉刺、黑痣、鸡眼、痈疽、疣肿等皮肤病也有一定的疗效；用"金字塔水"浇灌农作物，可促进作物的茁壮成长，提高产量；用它浇果树、蔬菜和花木，水果和蔬菜的滋味更佳，鲜花更加缤纷馥郁；摘下的鲜花如插在盛"金字塔水"的花瓶里，可推迟凋谢，延长观赏的时间。

金字塔形是一种简单的几何图形，其模型的制作和试验都很简便。据介绍，可采取底边长13厘米，棱长11.4厘米，高8厘米，或底边长9厘米，棱长8.55厘米，高6厘米两种比例。模型的大小可根据被试验物情况，从8厘米至2～3米高。试验时一定要对准南北方面，不要把模型靠近墙壁、金属物和电器旁。

所谓的"金字塔能"究竟有没有？它是怎样产生？又是如何引出上述种种神奇的效果？为什么它正好聚集于胡夫殡室的位置上，即塔高三分之一的地方？这是巧合，还是古人已掌握了这种能源？各国的金字塔科学家们正在千方百计地寻求它的谜底。他们大多认为，"金字塔能"是当代科学还不能解释的"客观存在着的一种自然现象"。在这个前提下，有的认为金字塔形状等于一个大镜头或电容器，里面积聚着无名的能源；有的说金字塔形状能在其内部聚集着宇宙射线、磁性震荡和某些未知的射线；有的设想这种能源是由于某种宇宙的力量和地球引力相结合的产物；有的推测金字塔形内部发生一种高频震荡，影响着人体的细胞和肌肉，使之处于最佳状态；有的解释说，不仅是金字塔形状，各种形状和大小的构造物都会在其内部产生一种力场，一种能源。这种特殊的力场或与自然力场相互抵消，或增强或减弱自然力场。

"金字塔能"这个20世纪提出的概念在20世纪结束的时候并没有取得突破性的成果。看来，想要揭开"金字塔能"的神秘面纱，还有待于未来更先进的科学研究。

室温核聚变现象

1989年3月23日，美国化学家犹他大学化学系主任斯坦利·庞斯和英国化学家南安普敦大学的马丁·弗莱希曼教授在新闻发布会上宣布：他们经过五年多的研究，使用简单的实验装置，实现了"室温核聚变"。这不啻一声惊雷，震惊了全世界，给肃穆神秘的核聚变研究带来了活力。

所谓核聚变反应，就是两个较轻的原子核聚合，形成质量较大的核，同时放出巨大的能量。恒星内部就在进行着这样的反应，它向外辐射的能量（如光等）就来自这样的反应。例如，太阳内部现在在进行着氢核聚变成氦核的反应。每秒燃烧约五百万吨氢，每年向外辐射出约$3.0 \times 1031@$千卡能量。

人工核聚变反应首先是用加速器实现的。1920年，世上第一台实用粒子加速器由英国物理学家考克罗夫特和贾尔顿制造成功。1933年，科学家用加速器做实验时发现，较轻的氘原子核能聚变为较重的氦原子核，并释放出巨大的能量和中子。据估计，1千克氘聚变时释放出来的能量相当于1千万千克煤燃烧时所产生的能量。对于面临能源枯竭的人类来说，这实在太诱人了。

地球上含有约一百万亿吨氘（海水中就含有大量氘，氘结成的海水约占整个海水的六千分之一），若能将这些氘都利用起来，人类就不必为能源即将枯竭而发愁了，它们聚变时释放出来的能量足够人类使用几百亿年！而且聚变能在使用过程中既不会产生放射性废物，也不会产生烟尘、酸雨和温室效应，是一种十分干净的能源。

然而，核聚变能并非唾手可得。要使两个氘原子核发生聚变反应，须使它们彼此靠得足够近，约在10～15米以内，这时核力才能将它们"粘合"成新的原子核。然而，氘原子核带有正电荷，当它们相互接近时，将受到强大的静电斥力的作用，越近斥力越大，两核的静电势能也越大。于是，静电势能（或斥力）犹如一座大山，把两个原子核分隔了出来，使它们无法接近。只有当两个原子核以极高的速度（每秒1000千米以上）相对运动时，才能使它爬上那座静电大山，相互间才能接近到核力（束缚力）起作用的范围，于是聚合成一个新核——氦核。为使氘核间的相对运动如此快，可将它们加热到上亿度的高温，这时氘就会"燃烧"起来（即

核聚变装置

发生聚变反应）。在如此高的温度下，任何材料都将被气化而不复存在。因此，科学家只能采用非实物材料制成的无"形"壁——磁约束和惯性约束来"装"处于核反应中的氘核。几十年来，人类在这方面的研究虽已花费了巨大的人力和物力，但进展甚微，至今尚处于实验室阶段。

在这似乎"山穷水尽"的时候，庞斯和弗莱希曼的"成果"无异显示出了核聚变研究的"柳暗花明又一村"。这两位化学家曾在美国盐湖城的米尔克里峡谷郊游时，交谈了各自的想法，提出了新的设想，决定独辟蹊径实现核聚变反应。他们自筹资金10万美元进行实验。他们的实验设备和方法相当简单，与大学里的一般化学实验很相似。在一个15厘米高的试管里装满了电解液，这是一种由含氘的重水和少量氘氧化钾等组成的液体，温度为27℃，试管外面绝缘，重水中放置两个电极，钯为阴极，铂为阳极。在室温条件下，当正负两个电极间通以每平方厘米100毫安量级的电流时，奇迹出现了。他们发现，氘在电流作用下释放出大量的热能，其释放出来的能量是输入的4倍（目前已提高到100倍），并发现了核聚变反应应释放出来的另两种典型物质：氘和中子。这一切预示着反应并非化学反应而是聚变反应。于是，他们先后给《电分析化学》和《自然》杂志寄发了两篇论文。向全世界宣布，他们应用简单的方法实现了人们梦寐以求的室温核聚变。

庞-弗实验震惊了科学界。科学家在惊讶的同时，迅速纷纷走进实验室，检验庞-弗实验。在短短一个月的时间里，美国、匈牙利、前苏联、意大利、民主德国、日本、巴西、波兰等国家以及我国中国科学院化学研究所和北京师范大学的科学家也相继宣布：他们已重现或部分地重现了庞-弗实验。

然而，也有不少实验小组未能重现。其中，有几个是世界上久负盛名的实验小组，如英国的哈韦尔核实验室、美国的马萨诸塞技术所、劳伦斯·利弗莫尔国家实验室和布鲁克海文国家实验室等。

于是科学界形成了截然不同的两种观点。一种是肯定的观点，持这种观点的主要是那些重现过庞-弗实验的科学家，他们无意撤回自己的观点，否定自己的实验。还有一些核物理的权威也认为是可能的，如被称为原子弹之父的劳伦斯·利弗莫尔实验室名誉主任爱德华·特勒博士就说：

"刚开始听到这个消息时，我觉得那是决不可能的。现在看来，很有可能是我完全错了。"

不少理论物理学家还从理论方面阐述了室温核聚变的可能性。例如，美国麻省理工学院电气工程和计算机系副教授彼得·黑格尔斯坦就提出了室温核聚变的推测理论，并已申请了专利。我国著名原子物理学家苟清泉教授也提出了一种理论解释。他认为，氘（重氢）原子被钯吸收而进入其晶格的八面体间隙位置时，会受到周围六个钯原子核吸引。这使氘原子电子的电子云扩展成一个大球，于是氘核与价电子的结合就减弱了，行动比较自由。而相邻两个沉浸在电子层中的氘核则由于电子云（大球）的摒蔽，其间库仑斥力大大减弱，于是，它们在室温下也能碰撞，靠近到核力起作用的距离，从而出现核聚变反应。

另一种是怀疑的观点。持这种观点的科学家主要有下述三部分。一部分认为，庞-弗实验被舆论大大夸张了，实验结果还远未达到目前所宣传的程度。另一部分认为，庞-弗实验的结果也许是由于实验差错形成的。还有一部分则认为，庞-弗实验根本就不是核聚变反应，而是化学反应。怀疑终归怀疑，他们（持怀疑观点的科学家）还没有断然否定庞-弗实验。他们知道，一些新发现往往是在有悖常情的情况下开始的，这在科学史上屡见不鲜，而且室温核聚变也实在太迷人了，它若能实现的话，将导致一场重大的能源革命。故庞-弗实验至今还是一桩悬案，还有待科学家进一步查明。

红色是什么

一位潜水员遨游在水下的珊瑚礁旁，不小心手臂擦过尖利的珊瑚杈，伤得并不重，却流了点血。潜水员看见流出的血不是红色，而是绿色。

六月初在美国东北部，树上长满了叶子。凭窗眺望，浓浓的绿荫辉映着阳光。看到那只松鼠了吗？它正穿行于树枝之间。在松鼠眼里，树叶不是绿色，而是红色、黄色。

怎么回事呢？众所周知，血是红色。同样，在北半球六月里的树叶该是青翠欲滴，到秋天才转黄转红，等寒流袭来就枯萎了，或者照我们喜欢的说法，"凋零"了。颜色到底是在树叶里，还是在我们头脑里？是树叶本身到一定季节就有一定颜色，从来如此，还是我们的头脑根据其他信息给树叶指派了颜色？

有很多人听说过那个古老的哲理难题：一棵树倒在森林里。假如没有人在那儿听着，树倒下时会有声音吗？我们也可以问：假如没有人看着，夏日里的树叶真会有绿颜色吗？不妨让有关树叶颜色的问题更加具体一点。要是没有人看着树，那么树叶在夏季还是不是绿的呢？前面说过，松鼠会把树叶看作红的或橙黄的，看树叶的人若碰巧是个色盲，树叶就不会是清清楚楚的绿色。真正的全色盲把任何颜色都认作黑、白以及不同深浅的灰色，就像早期的黑白电影，那是十分罕见的。不能分辨红绿差别的色觉异常就常见得多了。在欧洲和北美，12名男性中有1名患着某种程度的色盲。这种缺陷会遗传，而且同性别有关，男性远远多于女性；每200名女性中，仅1名患病。即使从技术上讲不是色盲的人，也会有问题，因为我们看得到哪些颜色，还取决于我们是否从小掌握了颜色的种类和名称。有许多男人和女人不能正确识别颜色，是因为他们从小就没学好。听到别人说"这是蓝的，不是绿的"，或者"这是橙黄，不是红的"，每个人多少都会有些不同的看法。在分辨微妙的色差，比如偏绿的蓝或偏橙黄的红时，人们通常会有

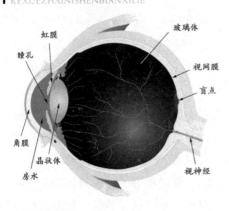

人眼睛的结构

争论。如果在两可色调旁摆上正蓝与正绿，或者正红与正橙，争论就会平息下去。怀疑的人会说："我猜想它更接近绿，而不是蓝。"就算到这一步，还会有问题，这决不是出于争论中的意气用事。

事实上，我们以为理所当然的颜色视觉乃是进化的顶尖成就之一。地球上早期的生物连眼睛也没有，只有一小团对光敏感的细胞。在像蠕虫那样皮肤柔软的小动物身上，仍能找到所谓"眼点"。它们有助于达到两个目的：一是觅食；二是求温暖而防过热，免得烤焦了敏感的皮肤。蠕虫与95%的现存动物一样，是无脊椎动物；而包括哺乳类、鸟类、爬行类、两栖类和鱼类在内的脊椎动物，总共才4.1万种。原先，区分无脊椎动物和脊椎动物只看有没有脊椎骨。从20世纪20年代起，人们又确立了一条极

为重要的区分标准。所有无脊椎动物的眼，都由皮肤发育而来。比方说，海星的眼长在它各条足（星形身体的各个角）的前端，原因就在于此。另一方面，所有脊椎动物的眼，都是其脑的延伸。在进化阶梯上攀得越高的物种，眼与脑的联结越显得重要。

检测光线的事，别看连蠕虫也能做到，却是眼功能的基础之基础。在进化的较高阶段上眼能检测运动，在最高阶段上眼能形成图像。对于不同种的哺乳动物来说，眼形成图像的能力各有不同。关键是要理解：即便我们人类其实也不是看见物体本身，而是看见物体反射的光线。人的每只眼有1.8亿个感光细胞能感受反射光，并且是光线转化为图像的开端。光发射中的基本能量粒子为光子。它们以每秒数百万个的流量涌入眼球，其中有些被视网膜上的感光细胞群逮住。脊椎动物眼球前端透明的角膜曲面起了棱镜的作用，将涌入的光子折射到它后面的视网膜上。

视网膜由两种不同的感光细胞组成：一种是视杆细胞；另一种是视锥细胞，两者对光的反应不一样。视锥细胞被强光激活，分三种类型：一类吸收蓝色波段的光，另一类吸收绿色波段的光，还有一类吸收黄色波段的光。人能看见颜色，是因为有了三类

视锥细胞。此外，人脑能阻断绿色和黄色波段的某些光线，让人知觉到波长较短的红色。比红色波长更短的光往往是看不见的，例如红外光。视杆细胞的任务是在昏暗的光线中视物。要是你从阳光明亮处走进阴暗的屋子或是反过来，最初你会觉得看东西有困难，因为在两种感光细胞间转换需花时间。视锥细胞和视杆细胞接受光刺激后引发神经冲动，作为信号沿着视神经从眼发送到脑后部的视觉皮质。

列奥纳多·达·芬奇在几个世纪前率先进行了许多领域的研究。他最早领会到光是从眼球前端传到视网膜，但实际形成图像不是在眼中而是在脑内，或者在想象当中。正如在其他许多事情上一样，他是对的。然而在大脑皮质上实际出现的情况太复杂，我们的了解还很不足。从已知的情况看，视皮质可分为20多个区域，其中只有负责处理光信号的五六个区域开始得到较为详尽的研究。结果颇为复杂，包括入射光信号如何被分析、比较以及通过来回传送得到校正，如何最终作为个人"看见"的图像被登录。对于正常人来说，一切似乎在瞬间完成，可是醉汉或受伤者会发觉自己的这一过程陷入了混乱。

由于进化水平不一，其他脊椎

动物视觉的生物学机制与我们的有很大区别，更不用说无脊椎动物了。当然，猿类动物如非洲巨猿，在视觉方面同人类最为接近。经过同猿类动物的比较，我们对自己了解到的视觉知识感到困惑不解，尽管人猿同属哺乳动物。有人测试过长颈鹿有颜色视觉，好像能识别红与紫，但辨认绿、橙、黄有困难。红－绿色盲在哺乳动物中相当普遍，例如树上的松鼠。狗的颜色视觉极有限，嗅觉和听觉却十分灵敏，可以算是一种补偿。猫的颜色视觉比狗强，但看到的颜色很淡。你也许曾注意到，猫的瞳孔在强光下大大缩窄，因为猫眼里的视锥细胞同视杆细胞相比要少得多，必须尽量遮蔽光线，视杆细胞才不至于给弄得完全不能感光，这个过程淡化了颜色。各种哺乳动物在视觉上总有或大或小的差别，不会完全一样。进化注定了它们生活在各自的世界里，各有自己眼中的明暗与色调。

我们的每只眼仅有一个折射面，叫单眼；有些动物的眼却有众多的折射面，叫复眼。所有脊椎动物的眼都是单眼，它们有助于看清远物，比如查看有没有猎物或猛兽。多数无脊椎动物的眼是复眼，适于看近物。也有些无脊椎动物，例如螃蟹等，既有单眼，也有复眼。前面提到蠕虫只有

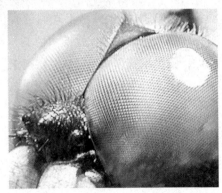

昆虫的复眼

眼点。在有复眼的动物中，眼的数目多寡不一，瓢虫有十个，蜜蜂有几千个，所以蜜蜂能看清花的细节，这在我们人类则需要用显微镜才能看清楚。实验表明，多数会飞的昆虫能看见颜色，特别是有些蝴蝶，竟能看到任何其他动物看不见的颜色。人们相信飞行昆虫惊人的颜色视觉是由于它们跟开花植物在同一个时期进化，关于这个我们在后面还要谈到。

水下视觉带来了特殊的进化问题。首先，光子透过水体时，由于同水中的分子相碰撞而散开，这会造成眩光。其次，随着水的深度增加，越来越多光的波长被过滤和阻挡。人眼看不见的红外光和紫外光，在水深15米以下受阻，只有蓝-绿光能透射得更深。受伤的潜水员看到自己的血呈绿色，原因即在于此。一条捞出水面后看上去是红色的鱼，在深水里会被

人看作蓝灰色。最原始的鱼如鲨鱼和鳐鱼已经有几百万年的历史，身上只有软骨而没有硬骨。它们不具备颜色视觉。进化上较晚的硬骨鱼类则具备颜色视觉。你也许会觉得奇怪，既然在深水里不管什么鱼看上去都是蓝灰色，怎么会产生颜色视觉呢？请记住，那是我们眼里看到的情形。鱼类在蓝-绿段的光谱范围内有十分精细的视觉，能看见各种鱼之间的颜色差别，我们则看不见。再说一遍，鱼儿生活在不同的世界里，其中的颜色差别在我们能够觉察的范围以外。

最后谈一谈鸟类。它们往往有色彩斑斓的羽毛，颜色视觉比人类强。不过这里也有出人意料之处。蜂鸟身上闪闪发亮的虹彩其实不是颜色。蜂鸟的羽毛是灰色的，但鸟翼不断拍动使羽毛也跟着晃悠，光线穿过透明的羽层，就给人造成了纯粹的视错觉。囿于人眼处理颜色信息的方式，我们以为自己看见了实际上根本不存在的颜色。鸟不但有颜色视觉，视力也特别好。鹰能看清的距离比人远8倍。话又说回来，这不是没有代价的。鸟眼构造复杂，占去了头部的很大一部分空间。猫头鹰的颅腔几乎整个儿被双眼占据，留给脑子的空间没多少。看来，所谓"猫头鹰般精明"是个天大的误会，大概人们只看到它的头很

大，又习惯于长时间坐着一动不动。鸟儿尽管脑子小，在迁徙时却能飞几千千米。那不过是因为鸟儿适应于此，跟脑子的大小无关。总的说来，鸟儿眼睛的进化使脑子付出了沉重的代价。

人的颜色视觉也不赖，在辨色范围上仅次于鸟和某些昆虫；人的脑结构却十分庞大。怎么会有这种不寻常的结合？因为我们还远远没有了解大脑视皮质本身是怎么工作的，所以要想比较全面地回答这个问题，还得等将来——假如真有可能彻底讲清楚的话。就现在而言，很多视觉专家和进化生物学家认为，人脑的进化与人眼的进化前后相继。更确切地说，猿类动物和人的眼周期性地进化到新的视力和颜色视觉水平后，就刺激脑发展，以便处理新水平的视觉信息。脑的成长又常常反过来推动视觉的进一步发展。无独有偶，蝴蝶非凡的颜色视觉跟开花植物同步进化，两者也是彼此促进，不过蝴蝶与开花植物属于两个迥然不同的生物门类。在猿类动物和人，同一身体上的眼与脑相互促进。在几百万年中，进化当然有如滴水穿石，而且毫无疑问，完成向人转变的最后一次脑发展高潮还受到其他因素影响，特别是直立行走。人们相信，到了用两腿走路的时代，眼也得

到了充分发展，为此后形成更高级的视觉功能铺平了道路。

问题仍然没有答案：什么是红色？是血本身红，叶本身绿，还是人脑处理光信息的方式使人觉得血色为红，叶色为绿？既然在深水里，从伤口流出的血呈绿色，在松鼠眼里，夏天的树叶呈红色、黄色，我们还能斩钉截铁地说，血红叶绿是本来如此的吗？那是不是说，全部视觉世界在某种程度上都是错觉，就像蜂鸟身上的虹彩，不过取决于脑是否足够发达，是否能给涌过瞳孔的光子流提供解释呢？说到底我们并不是看见物体本身，而是看见光。用我们的语言、对于我们来说，草是绿色。但假定有外星人来自两个太阳的星系，眼睛能看见完全不同的光，他们要是光顾地球，会说草是绿的吗？或许在他们眼里，草是深蓝色或者红色什么的。

究竟什么是红色呢？

引力的本质是什么

大家都非常熟悉牛顿和苹果的故事，说是一个苹果掉到了牛顿的头上，于是他发现了万有引力。当然，事物的发展要复杂得多。实际上，伽利略早就开展了这方面的工作。他发

牛顿

现两个大小、重量不同的物体，比如苹果和西瓜，当从同一高度使它们同时下落时，它们将同时到达地面。伽利略用了数年的时间进行这方面的研究，得到了落体定律，并于1638年发表在他的《对话》一书中。4年后，牛顿出生了。

然而，牛顿注定要走得更远。1665年，23岁的牛顿从剑桥大学毕业了。当时，英国的城市里正流行黑死病，于是牛顿回到了家乡林肯希尔。在那里他度过了两年的黄金时光，取得了丰硕的成果。现在看来，这些成果所显示出的重要性只有爱因斯坦在1905年所进发的伟大创造力才能与之

媲美。牛顿的成果包括微分学、积分学和白光的分解（他用一块棱镜证实了他的想法），当然还有最重要的牛顿运动三定律和万有引力定律。

可是，牛顿在21年后才发表了他的运动定律和引力定律。这之前德国数学家莱布尼茨声明拥有微分学的发明权，这促使牛顿发表了他在微分学方面的成果。牛顿确信莱布尼茨剽窃了他的想法。尽管是在牛顿之后，但实际上是莱布尼茨独立得出这一相同结论的。科学上经常会发生这样的发明优先权之争。由于这番变故，有点偏执狂的牛顿硬是没发表他的引力定律长达20年。他的朋友哈雷，一个皇家天文学家，认为如果他不发表，那么别人很可能会抢先的。这使牛顿很担忧，并最终同意发表。哈雷与牛顿一同准备了《数学原理》的手稿，并出资使其在1687年正式出版。尽管哈雷并不富裕，但他的慷慨以另一种方式得到了回报。运用牛顿的万有引力定律，哈雷计算出了彗星的椭圆轨道，并预言了它那76年的运行周期。最终，这颗彗星被命名为哈雷彗星。

牛顿认为，引力是由于物体具有质量而产生的物体间的吸引力。两个大物体间的引力要比两个小物体间的引力大。而且，两个物体相距较近时的引力要比相距较远时的大，也就是

说，两个物体间的引力与两个物体质量的乘积成正比，与物体间的距离平方成反比。丢到空中的球会落到地面，这是因为地球的质量远大于球的质量。如果球被丢得很高，它将花更长的时间回到地面，因为球和地球之间的距离加大了。别把质量同重量弄混了，这很重要。当宇航员在月球表面一蹦一蹦的时候，他的质量同他在地球上的质量是相同的，但重量却要小得多，因为月球的引力只是地球的1/6。虽然物体发生了变化，一个是宇航员和地球，一个是宇航员和月球，但它们都服从同一个引力定律。

让我们完全体会到牛顿思想的最初影响是非常困难的，因为从那时起它已渗透到科学的各个方面。做一个合适的对比，这就像向如今一个只有20岁的年轻人解释法国人戈达尔1960年在他的电影《窒息》中运用跳跃剪辑所带来的冲击一样。这项技术在如今的电影制作中是常见的手段，然而当它刚开始运用时，却使人"窒息"。同样，牛顿的定律使那个时代的智者们"窒息"于他的大胆和定律的简单。牛顿将下落的苹果同绕地球运动的月亮联系了起来，尽管苹果落到了地面，月亮悬在空中。在适当方向上的适当运动可以抵消，甚至克服引力。月亮悬在空中而非撞向地球，

阿波罗11号飞离地球奔向月亮，这些都能用牛顿定律进行解释。

牛顿向人们揭示了一个机械的和确定性的世界。如果你知道了一个物体的初始位置和速度，比如棒球或火箭，你就能精确地知道它以后会在哪里。如果棒球落到了中外场，正缺少一个本垒打，或者火箭未能到达预定轨道，这是因为它们未能获得足够的速度以抵消引力的作用。18世纪的启蒙运动及理性时代的来临，都离不开牛顿的引导作用。人们发现宇宙本身的力学与宇宙中上帝的位置将不再一样。尽管教皇保罗二世后来为教会在360年前强迫伽利略放弃其观点的行为而"道歉"，教会现在完全明白伽利略所产生的危险——他仅仅是部分地走向宇宙的定律。

牛顿改变了一切，不仅是科学，也包括社会的组织形式。18世纪末，美国和法国的革命就是牛顿世界观的必然结果。那些知道星星如何运动的人，是不需要一个国王告诉他去做什么、想什么的。牛顿的万有引力定律的影响是如此之大，以致19世纪末的许多科学家都认为该发现的都已被发现了。电力、电话、照相、引擎，还剩下什么呢？当然，还有顽固的建造飞行机器的想法，但大多数人认为这是个愚蠢的想法，虽然牛顿的成果

中已暗含了飞行的规律。20世纪来临时飞行真的实现了。这发生在1903年的南佛罗里达州的基蒂霍克。牛顿定律再一次大获全胜，人们已能获得足够的速度来克服地球的引力。两年之后，另一场革命开始了。

1905年的爱因斯坦还是个无名小卒，一家专利局的小职员。那年他发表了4篇文章，这些文章将使科学发生翻天覆地的变化，正如1687年的牛顿定律一样。仅在10年前，当爱因斯坦16岁时，他的希腊语老师还认为他毫无出息。然而，这个小男孩却在思考希腊语之外的东西。这种情况经常会出现在伟大的天才身上。当爱因斯坦发表了那4篇文章时，很难说这个希腊语老师改变了对他的看法。因为很少人看到这些文章，而能够读懂的人就更少了，但马克斯·普朗克例外。当普朗克看到自己1900年发表的一篇关于量子力学的文章被爱因斯坦加以发展，读了这个年轻人1905年的文章之后，普朗克得出了结论：牛顿的世界已经"死"了。当然，在日常生活中牛顿定律仍然适用，但爱因斯坦打开了一个全新的世界，而物理学家则努力将这两个世界协调起来。

首先，让我们回到牛顿世界。牛顿的引力理论中存在一个问题：引力怎样通过虚空？牛顿也意识到了这个问题。他写道："难以想象，这些毫无生气的物质在没有其他非物质的东西调和下，怎能作用在其他物质上并产生影响，而它们之间又没有任何接触。引力一定是天生的、固有的和必需的，这样一个物体才能通过真空作用在远处的物体上，而不需要其他东西来把作用和力从一个地方传到另一个地方。在我看来这是很荒谬的。引力一定是由一个作用物按照一定的规律产生的，这个作用物是物质的还是非物质的，我想我还是把它留给我的读者去考虑吧。"简而言之，尽管引力确实存在，但我们不知道它是由什么来传递的。

牛顿的读者，其中不少是科学家，基本上认为答案是非物质的作用物：空间。人们猜想空间充满了看不见的、无摩擦的介质，介质发生运动时就会推动引力（和光）前进。这种介质被称为"以太"，但这是一个不正确的想法，正如认为鸟类冬眠而不迁徙一样不正确。然而，这个想法却持续了很长时间，因为没有更好的解释。1887年，美国科学家迈克耳孙和莫雷设计了一个实验，表明了并不存在以太。于是问题又回到了起点：引力如何在虚空中作用？

1905年，爱因斯坦首先在他的狭义相对论理论中暗示一个答案，并在1907年发表他那著名的方程$E=mc^2$时进行了发展。他认为质量和能量是对等的，可以相互转换。与各国间货币的兑换不同，质量和能量之间的转换率是固定的。E是能量，大小会发生变化；m是质量，大小也会变化；但转换率一直是c^2，或光速的平方。由于转换率如此之高，所以很少的质量中就能储藏很多的能量。想想具有巨大破坏力的原子弹就不难明白这一点。这个著名的方程同时暗示，相对而言只需不多的能量就能产生足够的速度克服引力，这就是为什么阿波罗11号能将人送上月球的原因。我们也看到阿波罗11号从肯尼迪空间中心起飞需要多级火箭助推，而登月舱从月球返回时只需一个中等的火箭提供动力。

有关引力的所有问题只有在1915年广义相对论问世后才得到真正的解决。这种新的引力理论无需引入以太。实际上，爱因斯坦同时也丢掉了牛顿理论中的力。空间在牛顿的世界中是静态的，在爱因斯坦的世界中则是动态的。根据广义相对论，空间本身是弹性的，可以弯曲、伸展，或者受一个物体质量的影响而严重地变形。太阳就能使通过它附近的光线发生弯曲，因为太阳的引力场使附近区域的空间发生了扭曲。更大的恒星会

爱因斯坦

使空间产生更大的扭曲。最终将为人们所认识的黑洞，对空间的影响达到了不可思议的地步。爱因斯坦向人们表明，物质使空间弯曲。

爱因斯坦的方程充满了巨大的美感，许多物理学家都追求这种美感，但这个想法能被观测到的事实证实吗？三年之后的1919年5月29日，当英国天文学家爱丁顿在非洲赤道附近的普林西比岛观测日食时，答案就出现了。如果爱因斯坦是对的，那么出现日食时所看到的恒星位置就会出现偏移。事实上，确实发生了偏移，而且偏移的程度与广义相对论所预言的相符。当被问到如果出现其他结果他会怎么想时，爱因斯坦说："我不得不为亲爱的上帝感到遗憾，因为我的

理论是对的。"

爱因斯坦的引力理论并没有完全丢弃牛顿理论。牛顿理论中的"力"在太阳系范围内仍然行得通，更不用说在日常生活中了。然而到了更大的范围，牛顿理论就遇到了麻烦，这时就需运用爱因斯坦的理论了。比如，黑洞的引力很强，连光线都逃不脱，牛顿理论没法解释这点；而爱因斯坦的理论则认为，黑洞那极高的质量密度使空间发生了扭曲，俘获了光线，从而清楚地解释了这种奇怪的现象。

在另一方面，牛顿的引力理论也被小看了。当他刚提出他的理论时，引力似乎成了宇宙中最有效的力，使行星和恒星在各自的轨道上运转。引力就相当于宇宙的黏合剂，然而实际上它只是四种力中最弱的一种。想象一下，在一个城市的体育馆里正进行一场棒球比赛，城市的电力由核电站提供。当一个棒球被高高打起、飞向中外场时，是引力迫使它落向地面。此时，电子记分牌在不断闪烁，显示出最新的比分，是电磁力使记分牌发出灯光。提供电力的发电厂利用的是弱核力，这种力控制着原子的分解和原子燃料的放射性。最后，观众所坐的座位，吃的热狗，球棒和棒球，甚至包括观众本身，都是由靠强核力而组成的原子核构成的。

在基本粒子层面上，引力基本上不起作用。1个电子和1个质子组成1个氢原子，靠的不是引力，而是强度更大的电磁力。到底有多大呢？大10^{40}倍（1后面跟40个0）。正如法国物理学家和作家蒂阿纳所说："如果没有电磁力，仅仅在引力的作用下的话，1个氢原子就将充满整个宇宙。引力非常微弱，不可能使电子和质子结合得如此紧密。"

只有很多的原子聚合在一起时，它们才会产生足够大的引力。从物理的角度来看，连喜玛拉雅山都无法产生足够的引力将一个人吸向它。你可以站在棒球上，向那些勇敢的登山者挥手道别，他们被吸引是因为一种内在的精神力量。那些登山者将与地球引力搏斗，如果他们不小心滑倒，地球引力会毫不留情地将他们拉下。引力可致人于死地，但从另一个角度说，它又几乎可被忽略。一张纸放在桌上需要地球的全部质量来产生引力。尽管引力是四种力中最弱的一种，然而具有讽刺意味的是，它却给我们带来了巨大的麻烦。

作为说明宇宙起源的大爆炸理论的基石，量子理论试图解释四种力中的其他三种力，弱核力、强核力和电磁力的基本相互作用。不管从牛顿还是爱因斯坦的观点来看，这就把引力放到了一旁。除非能将引力与其他三种力统一起来，否则就不会存在"万物理论"，或者大统一理论这类现代物理学的圣杯。即使将电磁力与量子理论相融合也用了许多年时间，这主要是因为引进了"重整化"计算方法，以消去无穷大这个现代物理学中的难题。当人们问起生性诙谐的物理学家费恩曼他为什么获得了诺贝尔奖时，他答道："我只是把无穷大藏了起来。"

但对于引力重整化的效果并不好。林德利在他1993年的《物理学的终结》一书中表明，引力的重整化要比电磁力的情况复杂得多。"当两个物体被拉开，抗拒了引力的作用，体系的能量一定会增加；如果两个物体靠近，能量就会减少。但爱因斯坦又证明能量与质量相当，质量导致引力。你甚至可以认为，引力受到引力作用。"换句话说，质量和能量彼此纠缠在一起。这使引力中的无穷大问题更难处理。

问题最终回到了牛顿留给他的读者的问题：在真空中传递引力的作用物是什么？许多物理学家都认为问题的答案就在引力子，一种假设的亚原子粒子，就像传递光的光子一样。已被确认存在的光子和假设的引力子，都是"玻色子"。如果不存在引力子

的话，就需要对量子力学进行重建了。

寻找引力子的路还很漫长。宇宙中所有猛烈的事件，超新星爆炸或星系碰撞，都会产生引力波，并最终到达地球。在路易斯安那州和华盛顿州已建成了两个长约3.5千米的巨大的引力观测站，用来检测宇宙引力波，并用它们进行研究。人们寄希望于激光干涉引力观测站找到这难以捉摸的引力子。现在，关于传递引力的作用物问题，我们并不比牛顿知道的多多少。

被光困扰的世纪

在20世纪以前，人们一直认为光是白的，尽管它包含多种颜色的光；光以有限的速度传播，尽管这个速度很快，接近声速的一百万倍；光似乎由粒子组成。

1900年，德国物理学家普朗克发表有关量子物理的第一篇文章，这与牛顿的经典物理截然不同。他认为，黑体的能量辐射是以一份一份的方式进行的，对于这种一份份的东西他称为"量子"。这之前人们认为，原子受激发辐射能量应是连续的、不可分的。普朗克的实验使他确信，能量

普朗克

被分成了无数的小单元，每一个不连续的量子所带有的能量由它的频率决定。

普朗克尽力协调维恩和瑞利爵士在19世纪末做的工作。维恩的工作只在高频时有效，而瑞利爵士的工作仅在低频时有效，他们都认为辐射以波的形式进行。普朗克则认为辐射的是粒子，并得到了适用于一切频率的辐射规律。他的方程包含一个常量，后来发现这是一个基本的常量，被称为普朗克常量。1918年，普朗克因这项工作而获诺贝尔物理学奖。

爱因斯坦很快就领会了普朗克具有革命性的观念。在他1905年的第四篇文章中，爱因斯坦用普朗克理论解释了光电效应，认为光粒子打到特定金属表面上时，把金属中的电子打了出来。这种一份份的光能量被看成粒子而不是波，爱因斯坦曾称其为"光量子"，现在人们称其为"光子"。

爱因斯坦在他1905年关于狭义相对论（在1916年发展为广义相对论）的文章中，处理了光的另一个方面——光速。狭义相对论认为，不管一个观测者以很高的速度接近光源还是远离光源，对观测者而言，光速都相同。这种情况下会发生一些奇怪的事情。在观测者的参考系中，长度将缩减，时间将延长，质量将增加。在通常的速度下，这些效应并不发生，牛顿定律仍然适用。但当速度接近光速时，就要考虑时间延长这样的效应了。当太空船以光速或更高的速度飞行时，那么太空船上的时间将停止，太空船的长度将缩到零，它的质量将变成无穷大。所以，任何东西实际上都不能达到或超过光速。

两个世纪前，曾让牛顿困惑的光的问题以一种奇怪的方式得到了解释，这种解释所揭示的更奇怪的世界牛顿是无论如何也想象不出的。科幻小说的作家们既沉醉于其中，又为相对论所暗示的东西感到灰心不已。从积极的角度来看，许多故事和小说中出现了时间延长的概念，并且都围绕着这样一个想法：一个旅行者驾驶着飞船拜访了其他星系回来后仍然非常年轻，而他离开时地球上的同龄人早已死去。从让人丧气的角度来看，所有的小发明，比如《星际旅行》中获得扭曲速度的马达，都是为那些能在宇宙中来去自由的任务而设计的。

爱因斯坦发展的关于光的新观念同样让物理学家头疼不已。光像引力一样，曾被认为在以太中传播。1889年，迈克耳孙和莫雷所做的关于光速的实验结果说明并不存在以太，这就意味着光和引力以另外的方式传播。这是一个结果与初衷完全相反的实验。迈克耳孙当时是一个刚从美国海军学院毕业四年的、有才气的年轻人，和一个非常杰出的化学家莫雷，只是想证明存在以太。迈克耳孙设计了一个光学干涉仪，同时发射两束光，一束穿过所谓的"以太"，另一束则方向与此垂直。由于波是有方向的，所以，以太也应有一个方向。这样，与以太方向相同的光束，和与以太方向垂直的光束的运行时间会有一个差别。这就像与海浪方向一致的船，比与海浪方向垂直的船运行得更快一样。而实验结果却是毫无差别。

以太的不存在为普朗克、爱因斯坦和量子理论铺平了道路。波动理论正遭受着挫折，也许所有的东西都是粒子的。然而，并非所有的物理学家都情愿放弃波。因为光具有反射和折射现象，声波、水波有反射和折射现象，因而光是一种波。这样的论断让人难以反驳。

另一方面，随着20世纪检验量子理论技术条件的成熟，一个又一个多年前就被预言存在的粒子在实验中被发现。量子理论成为一个非常成功的理论，这些也让人难以反驳。于是人们越来越接受两种情况同时存在的观念，这反映在光子的定义中。1998年的科学百科是这样定义的："在物理学中，光及其他的电磁辐射发出的基本粒子或能量量子，既具有粒子性质，又具有波的性质。"

那么，光在什么时候是波？什么时候是粒子呢？一般而言，当光通过真空时可被认为是波，当它遇到其他物体表面时可被认为是粒子。天文学家利用光波的性质决定红移，从而判定一个恒星或星系离地球有多远。涉及到激光时则需要运用光的量子定义，许多物理学家对这种处理方法都深深地不满。这种处理流行的原因，是因为它具有较大的宽容度。一个科学家可以说光更像波，与此同时，另一个科学家可以说光更像粒子。这依赖于科学家所从事研究的性质，他们都可以是对的。这让物理学家多少有些不自在，有时他们希望这个问题能立即得到解决，这对于在学校中学习物理的年轻人会很有帮助。否则，可能你在高中学到了光是波，而在大学里又发现光是粒子。

只有当你真正了解这个问题之后，你才会发现它们没有问题。物理学家佩尔科维兹在他1996年的《光的帝国》一书中进行了详细的描述。在20世纪，人们做了关于光的各种各样的实验，有些是非常著名的科学家做的，结果表明光既是波，又是粒子。实验的结构可以改变结果，而各种实验本身都是正确的。这是怎么回事呢？

光是波？还是粒子？这重要吗？如果光能表现出两种方式，我们又在争论些什么呢？也许这是科学自身的困惑。佩尔科维兹是个物理学家，但他一本关于光的性质的书的副标题是"科学和艺术的发现史"。这使他比其他科学家更能接受二元性。在书中关于波／粒子的争论一章的结尾部分中，他引用了与毕加索共创立体主义画派的法国画家布拉克的话，他说："真理就在那里，只有小说是创造的。"佩尔科维兹认为，这句话有助于理解光，光就是光。我们创造出来解释光的奥秘的故事只反映了我们目前的无知，而光并不受我们的故事的影响。如果意识和物质真的相关，那么布拉克的话就更加寓意深刻；也许光的真理和我们的想象同时创造了彼此。

有些科学之谜让人烦恼，因为我们似乎本该知道，却不知道。比如，我们是怎样学习语言的以及海豚是否也有语言这样的问题。这些问题交织在一起更加使人气恼，因为它们都指出了我们的缺点。如果我们不知道我们是怎样掌握语言的，我们又如何能知道海豚是否有语言呢？有些问题对我们来说非常重要，因为如果我们不能理解它们，我们将难以取得一些成就，或者更糟，使我们深受其害。有关冰川变化的秘密就与全球变暖所产生的危险相关。也许我们需要牢牢掌握地球温度的升降规律。

有关光的秘密对我们来说则要好得多。在一百年的时间里，我们掌握了许多，从发明灯光到控制激光。灯光使我们能在夜里看书，激光能帮我们解决人眼的白内障问题，这样人们就能在任何时间看书了。我们不单弄清了一些光的秘密，而且利用它来为我们服务。在这方面，我们做得很出色。我们知道如何利用光的双重特性，波动性和粒子性。也许，正是这种双重特性使我们更加富有。

超距离力的迷惑

在研究力和运动的关系时，我们发现有两种不同类型的力：一种力是我们非常熟悉、也非常理解的力，它是来自于人体肌肉的收缩或者出自动物本能的活动，这是我们最早知道的力的来源。

随着科学技术的发展，采用机械或电力，又可以延伸和扩大人的能力。这种力必须直接与物体接触，把力直接施加在物体上，于是使物体从静止变为运动，或者使物体原来的运动状态发生改变。例如用手去推车，用纤绳去拉船，让毛驴去推磨，这些都是使力直接作用到物体上，于是车走了，船行了。又例如用起重机吊物体，由于物体直接挂在吊钩上，于是起重机的力量通过吊钩作用在物体上，使物体吊起。这几种情况都是力与物体直接接触。还有一种情况是力通过中间媒质作用在物体上。例如用桨划船，人并不是用桨直接推船行进，而是用桨向后推水，使水产生一个反作用力来推船。因此，力是通过水这个媒质作用在船上的。中间媒质在力的传递中起了很大的作用。

另外一种力却完全不一样。它不直接与物体接触，甚至也不需要中间媒质的传递，它能超距离地产生作用。如万有引力就是这样一类力。在茫茫的宇宙中，星星、月亮、地球和太阳彼此之间，都存在着互相吸引的力。这种吸引力引起行星绕太阳的运转，形成天体固有的运动。

在地球上，任何物体都受到重力的作用。一块石头不管是离地面1米高，还是离地面100米高，它都受到重力的影响。即便这块石头是在真空中，它依然有重力存在。这使我们想到声音的情况：声音得以传播，是需要有中间媒质的。比如在空气中，声音就可以得到传播；而在绝对真空中，声音就无法传播。可是万有引力在绝对真空中，照样存在。照样能传递万有引力。因此，万有引力是一种名副其实的超距离力。

超距离力的源泉不是有生命的人，不是人的一种主观努力，而是无生命的具有一定质量的物体。两个静静的无生命的物体，它们之间居然产生着互相吸引的力，这点本身就够耐人寻味的了。况且，这种超距离力还可以不受距离的影响，不需要任何媒质就可以传递，那更是令人奇怪的了！

万有引力究竟是通过什么来传递的呢？为了给予合情合理的解答。科

万有引力是通过什么来传递的呢

学家们引进了"以太"的概念。"以太"是一种无重量、无色、无味的物质，它是一种能充满一切透明物体和全部真空的媒质，而且以太是绝对静止的。以以太为参照物所建立的参考系，可称为绝对参考系。就是这种以太，也充满了宇宙空间，成为星体运行的中间媒质。这样，万有引力终于找到了传递它的中间媒质，这就是"以太"。

虽然以太牵强附会地解释了万有引力的现象，但毕竟对以太的存在难以置信。因为这是一种捉摸不透的物质，与以往我们所遇到过的任何物质都不一样。它并没有任何物质存在的特征。但是它却有着神通广大的功能。它如同上帝的存在一样难以相信。而且，由于以太的引入，产生了

许多自身矛盾的现象。因而，以太在经典物理学的发展史中，仅仅是一个匆匆的过客、短暂的幽灵。

重力加速度之谜

不知你有没有做过这样的试验：假如你在北京用磅秤称体重为60千克，那么你带着这个磅秤到广州再称一次体重，你会发现轻了80克。这是因为尽管你的质量是固定不变的，但是广州和北京的重力加速度不同，广州是$9.788m/s^2$，北京是$9.801m/s^2$，你在两地受到的重力也就不一样大了。同时，由于用了同一个磅秤，它的弹簧秤的零点并没有改变，所以弹簧力可以客观反映重力的大小。于是

重力的差别就反映了出来。

从上述例子我们知道，在地球不同纬度的地方，重力加速度是不一样的。一般来说，纬度越低，重力加速度越小；纬度越高，重力加速度越大。赤道的重力加速度最小，为9.780m／s^2，而北极的重力加速度最大，为9.832m／s^2。

重力加速度不但与地球的纬度有关，而且也与海拔高度有关。比如，在海平面的重力加速度与喜马拉雅山上的重力加速度是不同的，在高山上的重力加速度显然要小。

地球上有地球重力加速度，月球上有月球的重力加速度，土星、木星也各有它们自己的重力加速度。甚至太阳还有太阳的重力加速度。

那么，为什么重力加速度有如此千变万化呢？其实这点并不难理解。因为由万有引力的公式：
$$F=G \cdot (M \cdot m／r^2)$$

其中G是引力常数，M代表地球（或其他星球）的质量，m代表物体的质量，r为这两者之间距离。显然重加速度$g=G \cdot (M／r^2)$，在这个表达式中，M随星球不同而异，r随纬度或海拔高度而变，于是形成了上述重力加速度的千变万化。

然而，问题还要比这复杂得多，上述公式中一直认为G是一个常数。

但是这点越来越被人们怀疑。有人根据宇宙大爆炸的理论，认为宇宙在不断膨胀，物质密度越来越稀，于是认为引力常数将越来越小。或者说，G随时间而变小。

另一种理论认为，引力常数G随距离而变化，尤其是美国科学家朗在1976年的工作，从多年测得的数据，归纳出一个经验公式：

$$G=G0 (1+0.0021nr)$$

其中r为两个物体之间的距离。这意味着距离r越大，引力常数越大，或者说，万有引力在宏观尺寸上，尤其对于天体之间，显示着更为重要的作用。而对于粒子的微观世界，作用就小。

正因为人们对重力加速度还不是完全了解，所以人们很难在地球上造成一个无重力环境，或者说实现一个在引力场屏蔽下的环境。即使在宇宙飞船或人造卫星的失重环境也绝非是绝对的无重力，仍然受到月球引力或太阳引力的摄动。

科里奥利力之谜

在新型的大型游乐园里，到处可以看到旋转的器具，比如"登月火箭""大转盘"等等。我们就拿最简

科里奥利力

这个科里奥利力是怎么产生的呢？

第一种情况：假如圆盘不旋转，人从圆心O经过C点到达A点，他不受任何外界力；第二种情况：假如圆盘是以恒角速度ω旋转，人站在C点不动，这时由于圆盘旋转，使人受到一个惯性离心力。这个力的方向是从圆心向外。

假如把上述两种运动组合起来，也就是圆盘也在转，人也沿直径方向走动，那么照理他的受力情况也应该是上述两种情况的合成。人只应该受到一个外界力，那就是惯性离心力，这个力并不会使人走偏到B点去。

但事实是人不但受到惯性离心力，而且还受到另一个侧向的惯性力，即科里奥利力。这个力纯粹是由于运动的牵连产生的。由于人的沿径向运动，由于圆盘旋转，这两个运动产生了这个新的力。

于是，这不得不使人不解，为什么运动可以产生牵连的惯性力呢？假如圆盘的角速度ω是变速的，人径向移动也是加速的，那么这两者会不会产生出新的惯性力呢？

由此又使我们产生一个疑问：是力产生运动呢？还是运动产生力呢？这个先有蛋，还是先有鸡的问题何时才能解开呢？

单的旋转圆盘来讲，你或许不会想到其中还有着高深的学问。

假如有一个旋转圆盘以恒定角速度ω旋转，在旋转盘的边缘A点插一面小红旗。你站在圆盘的中心O向那面红旗走去。你会发现，尽管你是朝着A点走去，但脚步却不知不觉地向侧面迈步，最后你会走到边缘的B点。这就是说，人在径向走动时，会受到一个侧面的惯性力，这个惯性力称作科里奥利力。

自然界科里奥利力的现象很多，比如在地球的两极，可以使流动的大气形成旋风，而在沿赤道地区可以形成信风。

难解的摩擦力之谜

在日常生活中我们所遇到的众多力中间，要数摩擦力最为复杂，它包括滑动摩擦、滚动摩擦、静摩擦、动摩擦等等。

滑动摩擦应该是最简单的，它等于正压力乘上摩擦系数。这个滑动摩擦系数也是最为复杂的．它每两种材料接触会产生一个摩擦系数．所以滑动摩擦系数往往不是查表得到，而是根据实验数据给定。

滚动摩擦相应就要复杂一些，就以轴承来说，就有许多形式，像滚珠轴承、滚子轴承、止推轴承等等，不同类型的轴承，它的滚动摩擦系数是不一样的。

静摩擦和动摩擦也能相差很多，当推一个桌子时，桌子和地面产生静摩擦，它的摩擦力在逐渐增大，达到一定值时，桌子被推动了。但是一旦桌子被推动以后，它的动摩擦力就小得多，因此推起来就省劲得多。

在实际生活中，这些摩擦力是混在一起的。需要区别对待，认真分析。比如，一列火车在出发前为什么要往后退一下？那是因为：如果列车不往后退一下，那么每节车厢之间都是紧紧拉着，整个一列火车如同一个整体（成一个刚体），那样要起动所要克服的静摩擦力将会是很大的。相反，列车倒退一下，各车厢之间松动了，这时只需要克服第一节车厢的静摩擦力，那就小得多，很容易拉动。等拉动以后，只需克服第二节车厢的静摩擦力。以此类推，拉动第三节、第四节……这个例子就是利用静摩擦力的特点。

另有一个例子，在自行车加速行进时，地面作用在前轮和后轮的摩擦力是不一样的。对于后轮，摩擦力是向前的。这样，后轮作为主动轮就有一个向前的趋势。相反，对于前轮，是从动轮，摩擦力是向后的。这个例子又很好地说明了对摩擦力要扬长避短。

至于摩擦力的机理，那更是众说纷纭了，较早的论点是表面越粗糙，摩擦力越大；表面越光滑，摩擦力越小。但是后来发现这种论点并不正确，当两个接触表面非常光滑时，非但不是摩擦力减小，相反两个物体却粘住了。这种例子很多。比如，在制作光学器件时，往往把两块光学镜片直接接触而形成一个整体，在光学工艺上称作"光胶"，实际上没有使用任何胶，而是利用接触面本身的光洁。另一个例子是一种新的工艺，叫

"摩擦焊"。当两种不同的材料，比如铝和不锈钢。由于材质不同热膨胀系数不同，很难用钎焊或氩弧焊来焊接。这时可采用摩擦焊的方法，把两种材料通过摩擦使它们形成分子间的接触，从而由于分子的引力使两种材料紧密结合起来，等于牢牢地焊接了起来。

总之，目前的看法是：两个物体如果表面光滑，可以减小它们之间的摩擦力。但是，当表面十分光滑时，两个表面的分子进入分子间的引力圈，那时摩擦力反而增加，从而牢牢地粘接起来。

这种看法是否正确，还有待于实践进一步证实。随着对物质微观的探索，对于摩擦力的机理是否还会有新的启迪？

宇宙究竟有几种力

纷纭的世界，可以说是充满着力的世界。人要挪动一下位置，肌肉要产生力，然后要克服空气阻力和地面的摩擦力。植物要生长，要克服地心的引力。鱼儿在水中游泳，受到重力、浮力和水流的阻力。总之，就我们感性所知道的力有：重力、弹力、压力、浮力、阻力、电力、磁力、摩擦力、爆炸力等等。

这些力如何把它们归结为几种基本的力呢？从20世纪30年代起，随着粒子物理的发展，物理学家们认为：所有的力寻找它最终的源头，乃是亚核粒子交换其他的粒子。因此从交换粒子的不同，而对宇宙中的力作一归类，最终归为四大基本力。这四大基本力是：引力、电磁力、强力和弱力。

引力发现最早，牛顿早在1665～1666年伦敦发生瘟疫期间，他在家乡躲灾的时候，就开始考虑万有引力的问题。他联想行星的运动和潮汐的涨落，希望用万有引力来统一这种认识。由于数学计算上还不成熟，直到1685年牛顿才将万有引力正确的表达式公诸于世。万有引力几经沧桑，即使到了普朗克的量子学说和爱因斯坦的相对论的建立，但在宏观上仍然没有否认万有引力定律的正确。

电磁力包括电力和磁力。关于磁力，中国对其认识最早，指南针就是磁力的最早应用。静电力的研究要归功于库仑，库仑在1777年发明了一种用细金属丝制成的扭秤，以此来测定静电力。通过实验，他得出了静电力的公式为 $F = K(Q_1 \cdot Q_2 / R^2)$

这个公式与万有引力的公式非常相似。把电与磁结合起来要归功于麦

库仑

克斯韦，通过麦克斯韦方程客观地描述了电磁波的传播规律，同时也使人认识到光线也是电磁波的一种。进一步从现代物理学的观点看，两个带电粒子之间的电磁力是通过交换光子来传递的。

强力是指原子核内部的核力。自从人们弄清原子核的内部结构以后，发现质子都带有正电荷，如果按照库仑定律，同性电之间应产生斥力，那么质子之间不能聚在一起，物质的原子就要随之崩溃。可是为什么原子核中的质子仍能紧密聚在一起，这就是原子内部的核力在起作用。从现在军事应用上的原子弹和氢弹，也都是核力的释放。从强力的机理来讲，它是

通过交换 π 介子或胶子来传递的。

最后一种是弱力，由于它不同于引力、电磁力那些宏观可见的力，它只存在于10-15@厘米以内的范围，所以感知它比较困难。然而，在科学实验中发现中子衰变的过程是：中子→质子→电子→中微子。这个过程中，并没有光子参加，所以不是电磁力引起。同样，也不是引力引起的，因为粒子的质量太小，其引力不足以引起衰变。最后，核子间的强力是相吸引的，更不可能造成衰变。于是就命名为产生粒子衰变的力为"弱力"。这种弱力是通过中间玻色子W和Z来传递的。

是不是还有新的自然力呢？除了这四种基本力之外，会不会还有第五种力、第六种力呢？

宇宙第五种力之谜

据1988年的法国《科学与未来》杂志报道，两年以前美国物理学家菲茨巴赫发现了宇宙第五种力．这种力称为"超电荷力"，或"超负载力"。

原来，早在1922年，匈牙利物理学家埃奥特沃斯做过一个著名的实验。他以当时很高的精度来验证牛

顿的万有引力定律。根据万有引力定律，物体下落的重力加速度值是应该相同的，然而埃奥特沃斯发现测量的数据存在着1%的微小变化，这种误差无法解释。

当然，在埃奥特沃斯的时代，人们尚不知道原子核是由重子（质子和中子）所组成。这时。菲茨巴赫重新分析了埃奥特沃斯的实验，认为由于不同物质和不同化学结构的物体。其重力加速度是不同的。因此造成实验中重力加速度偏小的原因就是这种微小的排斥力存在。这种力既然不是电磁力引起，所以称"超电荷力"。它又不是质量所引起的，所以又称"超负载力"！。如果通俗点讲的话，这种力可以认为是"万有斥力"。

为了说明第五种力容易被掩盖的事实，菲茨巴赫指出：由于物体的质量几乎等于其原子核中重子数的内容，所以难以分辨出重子数的影响，容易忽略这种斥力的存在。然而质量和重子数毕竟是有区别的。如果人们仅仅靠质子和中子来聚合一个原子核时，发现并不能得到预想的元素。这就是说，质量是有亏损的。这种亏损应该归结为质子和中子之间还存在着一种能量。按照爱因斯坦相对论，质量和能量是可以转换的。因此把埃奥特沃斯的测量结果归结为实验误差是

不公正的，这必须与物理的本性联系起来，也就是要与第五种力联系起来。

随后，美国实验物理学家蒂贝格做了这样一个实验：他制作一个空心铜球，使它的密度正好与水的密度一样。这样。它就可以自由沉浮在水中。把它放在靠近峭壁的水面附近，按照牛顿万有引力定律，水和铜应该同样被峭壁所吸引，球应该是静止不动的。然而，球却在移动，说明由于物性引起的斥力在起作用。

关于第五种力，学术界在20世纪后期展开了激烈的论战。反对派说：实验误差可能是由于地球内部地质构造的非均质所造成；也有的说，或许是太阳引力在起着微妙的影响。等等说法都有。就是主张第五种力的科学家们内部，看法也不一致，有的认为：第五种力与重子数（即质子数与中子数之和）成正比；另有人认为：第五种力决定于中子数与质子数的差。

更为有意思的是，美国空军的一个实验基地，为了验证菲茨巴赫的第五种力。在600米的高塔上。每隔90米高度测量万有引力常数。结果表明：在较低的高度，即小于200米以内的距离，确实存在斥力，即在万有引力上要附加一个第五种力。可是在

较高的高度时，发现除了第五种力以外，还伴随着一个新的引力，很可能是宇宙中第六种力。

就这样，在20世纪结束的时候，人们不但没有解开宇宙第五种力之谜，反而又迎来了第六种力，乃至第七种力之谜。

有序和无序之谜

什么是有序？什么是无序？简单说，物质分子中原子排列整齐并且方向一致，这就是有序；而分子中原子排列杂乱无章，这就是无序。这就使我们很自然地想到物体的磁性，磁性可以说是物质有序程度的一种宏观表现。

原来，物体的磁性与其原子内部电子的旋转有很大关系。原子内部电子的旋转，就像地球一样：地球既绕着太阳公转，又本身自转。电子也是一边绕原子核公转，一边也在自转。如果许多电子的回旋是没有规律、杂乱无章的，那么整体来说就不表现磁性。相反，如果电子绕原子核回旋的轨道平面都有着同样的角度，同时，电子的自旋轴、旋转方向也都一致，那么从整体上来说，它的有序程度增加，它显现出磁性。

大家都有这样的感性认识：一块磁铁，如果加热或通电，它就可能退磁，这就是说，退磁要吸收热量；相反，磁化就会放出热量。如果用有序和无序的概念来理解，即是：从有序到无序，要吸收热量；而从无序到有序，会放出热量。因此，利用这个性质，人们通过有序与无序的转换，可以来制冷，并且可以获得非常低的温度。

说到低温，人们很自然想到4.2K是一个界限，因为自然界中所有的元素只有液氦的沸点最低，那就是4.2K，因此要获得低于4.2K的温度是很难的。但是，当我们采用绝热去磁的办法，不但可以降温，甚至还可以达到0.001K的超低温。那么，绝热去磁是怎么回事呢？

先把顺磁性材料降到4.2K以下，这时，即使温度那么低，它还是存在着"晶格振动"，它的原子还是排列不规则的，它仍然保留着部分的无序化。现在把它放在强磁场里进行磁化。在磁化的过程中，电子公转的轨道面、电子的自旋轴及旋转方向都顺着外加磁场而整齐排列。在这种排列过程中，放出了多余的热量。如果这时系统保持在等温状态，那么多余的热量就被传导出去。而物质仍保留在4.2K以下。接着把已经有序化的这个物质，在绝热隔离的条件下，迅速撤去外加磁场。这时，使有序状态再度变为无序状态，这必然要吸收热量。但由于这个转换过程是在绝热隔离的环境下进行的，不允许与外界有热交换，所以必然使自身系统的温度大大降低，从而获得了超低温。

可以设想，如果无限次这样做下去，必然会得到非常低的温度，自然绝热隔离的环境要求更加严格。那么，降温有没有极限？绝对零度的界限能不能突破？这仍然是个谜。

谁能解开真空之谜

1654年，科学家葛利克做过一个名垂科学史的实验。他用铜精制了两个大半球，并将它们对接密封起来，用他自己发明的抽气机将球内空气抽出，派16匹马背向对拉两半球，马最终竭尽全力才拉开。这表明我们周围并非什么都没有，而是充满空气，它对物体施加压力（球内空气密度因抽气远小地球外的，这导致球外压力远大于球内的）。球内经抽气后的空间叫作真空。

真空其实不空。直至今天，科学家都不能完全排除甚至某一小范围内的空气。电视机显象管需要高真空才能保证图像清晰，其内真空度达到几十亿分之一个大气压，即其内1立方厘米大小的空间有几百亿个气体分子。在高能加速器上，为防止加速的基本粒子与管道中的气体分子碰撞而损失能量，需要管道保持几亿亿分之一个大气压的超高真空，即使在这样的空间，1立方厘米内还有近千个气体分子。太空实验室是高度真空的，每立方厘米的空间也有几个气体分子。

上述以抽出空气方式得到的真空叫做技术真空，实际上它并不空。科学家称技术真空的极限，即完全没有任何实物粒子存在的真空，为"物理真空"。它非但不空，而且极为复杂。按照英国物理学家狄拉克的观点，它是一个填满了负能电子的海洋。狄拉克结合狭义相对论和量子力学，建立了一个描述电子运动的方程。它一方面十分正确地描述了电子运动，另一方面又预言了科学家当时尚未认识的负能量电子。自然界一切物体的能量总是正的。高山流水有（正）能量，能冲刷堤岸，推动机器；高速运动电子有（正）能量，能使电视荧光屏发光。电子具有负能量，就意味着加速它时，它反而减速；向左推它时，它向右运动，而且电子总处于放能过程中，如同高山流水总往低处流一样。电子的能量将越来越负，高山流水最终还只能流到大海，电子能量则将负至无穷，这意味着一切宏观的物体均将解体。这显然是荒谬绝伦的。

按照量子力学，两个电子不能处在完全相同的状态上，就如一个座位通常只能坐一人不能坐二人一样。狄拉克认为，所有负能状态通常是"满员"的，被无穷多的负能电子占据。因此，正能电子其实是不能永无止境地发射能量的，其能量甚至不能降至零。这意味着，即使一个没有任何实物粒子的空间，也是一个充满无穷多个负能电子的大海。一个负能电子可通过吸收足够多的能量而转变为具有正能量的普通电子，而后在负电子海洋中留下一个空穴，即少了一份负能量和一个负电子，这相当于给了海洋一个带正电荷和正能量的反电子（或正电子）。

1932年，美国物理学家安德逊找到了它，狄拉克的理论也终为大家所接受。质子和中子也有负能反粒子，物理真空还可分别由它们（负能质子或负能中子）填充。在物理真空中，正反粒子对可不断地产生，消失或消失后又产生，它们生存时间短，瞬息万变，迄今还未观测到，称为虚粒子。它们在一定条件下可产生一些物理效应。例如，一个重原子核周围的虚核子（反质子和反中子）在强电场作用下，会排列起来，出现正负极性，称为真空极化，这将影响核外电子的分布，导致原子核结构改变。

粒子（如电子）与反粒子（如电子）碰到一起，变成一束光；反之，一束强光也可从物理真空中打出粒子与反粒子，质子与中子等并非终极基本粒子，而是由更基本的"夸克"组成。夸克有六种"味"，即上夸克、下夸克、粲夸克、奇异夸克、顶夸克和底夸克。它们在质子中子等粒子内部几乎作自由运动，但不能脱离这些粒子而单独存在。它们似乎被一种强大的力囚禁了起来。

按照"口袋模型"，粒子就如物理真空中运动的口袋，口袋里装有夸克，夸克间存在很微弱的相互作用，由一种叫做胶子的粒子传递。粒子衰变或破碎为两种或两种以上的其他粒子时，可看作一个口袋变成两个或两个以上的口袋。同样，两个或两个以上的粒子聚合成一个大粒子，就相当于多个口袋合成一个大口袋。于是，在破碎和聚合过程中，永远找不到单个夸克，口袋的分解或聚合就如液体（如肥皂水）中气泡的分解和合成。气泡内气体分子是自由运动的，大气泡可以分解成小气泡，小气泡也可合并成大气泡。若基本粒子如小气泡，则物理真空就如液体。这种液体性质独特，它只能一对对地产生气泡，或一对对地消失。按照口袋模型，口袋里面（或气泡里面）叫做简单真空，外面是物理真空，这形成真空的两种"相"。

物理真空在一定条件下可变成简单真空，就如日常生活中三相间的转变一样。固体受热变液体，液体受热变气体，这些只需几百度或成千上万度就可发生。温度高达几十万、几百万或几千万度时，气体原子就要解体，变成叫做离子的带电粒子。同样，温度足够高时，口袋也将解体，质子、中子等基本粒子不再是基本的物质形式，它们将成一锅由夸克和胶子组成的高温粥，称为夸克—胶子等离子体，物理真空也就成了简单真空。

计算机模拟实验表明，物理真空熔化为简单真空需2万亿度以上的高温，这个熔化的物理真空也叫"熔融真空"。重原子核可以包含上百个质子和中子，其内空间正常状态下是个很好的物理真空。科学家希望通过碰撞来加热它，使其熔化，获得简单真空。

目前在高能实验室中，质子和原子核间的碰撞能量已达几百兆电子伏

特，这已相当于将原子核（局部）加热到了几万亿度，但由于质子（与原子核比较）大小，只将原子核穿了一个洞，并未将整个原子核熔化。科学家正在设法利用重原子核间的碰撞来实现熔融真空。熔融真空实验之所以重要，不仅在于它能直接检验关于基本粒子结构的一些理论假设，还在于其实验结果可能有助于科学家理解宇宙的早期演化。

按照大爆炸模型，我们的宇宙始于约200亿年前的一次巨大爆炸。爆炸发生的一瞬间，温度远远超过熔融真空所需温度，故早期的宇宙应是夸克—胶子等离子体。随着宇宙的膨胀，温度逐渐降低，简单真空转化过程中，应存在由50个或以上的夸克所组成的物质结构（通常的粒子只包含2个或3个夸克）。熔融真空实验是对这种早期宇宙演化的模拟，是一种理解宇宙演化的重要手段。为测量真空熔化时放出的大量粒子，需要在非常小的锥体内同时测量上千个粒子。迄今还没有人能够在一次碰撞事例中测量上百个粒子。科学家使用他们最娴熟的乳胶探测器，尽管其分辨率很高，也无能为力，它也不适宜于探测高能加速实验中的夸克–胶子等离子体。这些问题经常困扰着科学家并激励他们去解决。

水为什么会往高处流

通常来说，水是往低处流，其他液体也是往低处流。但是在一种称为超流的现象中，液体不仅往低处流，也往高处流。把超流液体放入杯内，会沿着杯壁向上走，又从外壁流下来，好像给杯子内外壁贴上一层薄膜。奇怪的是，就是给杯子盖上盖子，照样会流出来。

在超低温环境下的液体表现出来的这种神秘超流现象，是苏联物理学家卡皮察发现的。

1938年，卡皮察发现当温度从-269℃下降到-271℃时，液态氦变成了一种从未见到过的液体，这就是"氦Ⅱ"。"氦Ⅱ"的粘滞性只有水粘滞性的十亿分之一，它很容易从直径只有几分之一微米的毛细管中通过。这种超流动性，物理学家称它为"超流"。

卡皮察发现在-271℃和-272℃时，"氦Ⅱ"没有摩擦力，也没有粘滞性，没有表面张力，能顺利地通过万分之一厘米的微孔，如果把它装在没有上釉的陶罐里，它就从微孔中流走。这时候的陶罐是过滤器，而不是盛装器了。

超流之奇不仅如此，还有与其他液体不一样的地方。例如水，把它装在水桶里，水桶转动，水也跟着转动，我们只要在转动的水桶里放一张彩色纸，就可以很容易地看到这一现象。"氦Ⅱ"却与此大不一样，把它装在一个容器里，它不会随容器转动而转动。如果在"氦Ⅱ"的液面上放一根指针，让指针指向北极，无论怎么转动，指针始终指向北极方向，也就是说，"氦Ⅱ"不随容器转动而转动。

超流的另一个奇特现象是喷泉效应。在一个容器中放些"氦Ⅱ"，再放一个类似眼药瓶的管子，管口很细，管口装满了黑色的金刚砂粒，金刚砂很细，用棉花塞堵紧。然后用手电筒的光照射，黑色金刚砂吸收热，温度稍稍提高。这时，"氦Ⅱ"就涌入"眼药瓶"，从管口向高处喷射，足有30厘米高。

那么，液体为什么会往高处流？迄今众说纷纭。揭开"超流"之谜，是20世纪物理学界留给21世纪物理学家的一项重要任务。

大统一理论之谜

20世纪，相对论和量子论的建立

构成了现代物理学两大支柱，并为其他科学分支打开了广阔的天地。但是，作为基础的理论物理学曾经拥有的辉煌在近几十年中黯淡下来，物理学早已经从"搜集材料的科学"发展成为了"整理材料的科学"。过去几十年的实验仅仅验证了已有的理论，并未揭示出需由新规律解释的新现象，以至于越来越多的科学家不得不承认，未来岁月不再有任何重大的新发现足以与牛顿、爱因斯坦赐给我们的那些发现相媲美；科学的任务只是补充大量的细节而已，产生枝节性结果；我们有了基本框架，只要填填漏洞就行了；越来越多的科学书籍也停留在夸夸其谈的水平。

有人曾在20世纪中期说过，科学的没落及非理性的复活将开始于20世纪末，我们所做的一切都不足以抑制物理学在总体上、在社会支持和社会价值上的衰退趋势，我们无奈地看到物理学对人才的吸引力不断减弱。物理学是许多学科的基础，当我们在20世纪中后期沉浸在对科技发展带来的社会经济巨大利益的乐观情绪时，一些西方学者看到了它的没落，他们悲哀地预感物理学基本定律不断被发现、激动人心、惊世骇俗的年代真的一去不复返了，求真、纯粹和经验的科学已经结束。

不过即使在20世纪后期，仍有许多科学家反对那种认为纯科学已走到尽头的观点。他们普遍认为，某些惊人的理论和发现已迫在眉睫，理论物理学更深入地发展即将莅临。人们期待的这种理论就是20世纪末提出的所谓的"大统一"理论，幻想某一天发现宇宙规则，从而一劳永逸地解决一切有待研究的基本理论问题。许多科学主义者也不得不用对"大统一"的期待来支撑自己的信念。这些现象表明，科学对形而上学产生了从未有过的焦虑。科学家相信自然界复杂现象中必然有某种暗含的简单规律在起作用，这些规律已经体现在量子论、相对论、自然选择等理论之中。支配世界的行为法则肯定比现在的物理学定律更为玄妙，它有已知理论没有的特征，具有某种不容质疑的自然主义色彩。

我们不敢肯定解析时空理论就是"大统一"理论，但我们至少认为它向这个目标迈出了重要的一步，它的简明性给了人们一种新的方法论启迪。如果对未知的追求走到了尽头，还有什么能够赋予我们存在的意义呢？终极理论会让我们陷入解释的无限循环之中，因此我们坚信科学上不存在什么终极理论，除非人类沦落到由他们制造的机器智慧所支配的地步。

谈到大统一理论，我们应当注意到，物理学家无论在他们自己的领域，还是在他们借以描述问题的数学精确性方面都作出了真正显著的成果。一个新的宇宙图景正在出现，这是一个高度统一的图景。在这一图景中，宇宙的粒子和力都起源于单一的"超大统一力"，尽管它们分离成了不同的动力学事件，但它们仍然相互作用。时空是粒子和力在其中成为整合要素的动力学连续统一，每一个粒子，每一个力都影响其他的粒子和力，在自然界中没有孤立的力和事物，只存在具有不同特征的相互作用的事件群。

人们已经证明，把注意力聚焦在实体的基础或最低层次是由经典理论留下来的一个不必要的思想包袱，因为经典理论试图根据宇宙的最终构建块（原子）的各种不同特性的结合来解释所有事物。今天，一组相互协调一致的、抽象的、大多数是不可见的实体已代替了在外力的影响下运动的钢球状的原子概念。物理世界的过程不再涉及支配单个粒子行为的规律，物理学现在并不根据基本实体群来进行解释，即使这些实体不是原子而是夸克、交换粒子、超弦或其他将被发现的更抽象的单位。这是很重要的，

因为在典型的生命层次上的复杂性现象不大可能通过唯一地以宇宙的最小构建块（无论它们的运动计算得多么精确）为基点的方程来描述。

相互作用和自我组织宇宙的图景似乎仍具有活力，尽管描述它的理论还不完善。要想看到物理学是如何返回到由动力学的力支配的宇宙，返回到在外部平衡中由互不联系事件的拼凑件组成的宇宙，是很困难的。

从反面来看，应当认识到，尽管在技术理由方面大统一理论取得了显著成绩，但它们的范围和意义还并不十分清楚。科学家一直太专注于构建统一其观察到的现象的数学了，以致不能大胆地更深入地研究它们的公式的含义；而哲学家作为他们时代知识的传统阐释者已经基本上被抛开了——很少有例外，他们都没有能赶上最新的发展。

思维缺乏深刻性的现象正在显示出来。在最初的一阵成功后，一些科学家声称他们的大统一理论几乎能够解释任何事物，但就物理学的大统一和超大统一理论而言，贴上"所有事物的理论"的标签明显是夸大其词。

正如我们看到的，大统一理论不能满意地解释空间和时间中物质的连续演进的结构化。当然，能够描述支配宇宙中连续构建结构和复杂性的规

律的理论是可能的，至少在原则上是可能的，但问题是这种理论是否能通过把物理学规律扩展来进行精确描述，或是否需要以某种方式超越物理学规律。很明显，更为复杂的自然领域不再是物理性质的领域，作为传统意义上的物理学理论不包括它们。不过当前的物理学理论也许可以被普遍化（或者如有必要，利用附加因素去完善它）以便能跨物理学领域，这同时也意味着，目前的大统一理论并非是包罗万象和十全十美的。

那么，"大一统"理论能不能被人类找到并引起物理学激动人心、惊世骇俗的新发现呢？我们只能等待科学家和后继者们给我们寻找到答案。

空间有多少维

20世纪50年代，由于害怕全国的电影观众转向电视，好莱坞推出了三维电影。我们坐在那里戴着特制眼镜，观看着如《魔鬼先生》这样的恐怖电影。好家伙，真让人怕得发抖。之后出现了被称为"三维"的汉堡包，这是在三层面包之间夹上两块肉饼而成的。在21世纪，好莱坞和快餐业都将面临新的挑战。根据超弦理论，存在10维，也可能是26维。每个人都想知道如何在汉堡包中实现这么高的维数。

人类一直与他们生活于其中的三个空间维度融洽相处，直到爱因斯坦给出了第四维：时间。实际上，这对于普通人来说并非难以理解。如果你与一个新朋友约好在她的办公室见面，她会通知你她的办公楼在栗子街和国王街的拐角处，办公室在第3层。这里用大街的拐角处来表示空间的左右和前后的维度，用楼层来表示空间的上下维度。而且，你的朋友会约定一个时间，比如说是5：15，这是位置的另一个要素。在相对论中，所有的作用不光发生在三维的空间中，而且也发生在第四维的时间中。将这四个维度放在一起，你就得到了爱因斯坦的时空。

1919年，爱丁顿在发生日食时对水星的观测肯定了爱因斯坦的广义相对论之后不久，爱因斯坦收到了一封来自一位波兰数学家的信。这位数学家毫不知名，就像1905年前的爱因斯坦一样。这位数学家叫卡鲁扎，他提出了宇宙可能含有多于三个空间维度的维度。卡鲁扎推理中指出了一种可能性，可能存在因卷起来而太小以致看不到的维度。力图精确解释这种卷起来的维度的尝试都将是曲解，因为在我们这个宏观的三维世界中不可能表示任何多于三维的东西，正如在一张平坦的纸上不能表示多于二维的东西一样。物理学家格林不光对物理学的这个领域很了解，而且在这方面的贡献也很大。他曾在他出版于1999年的《优雅的宇宙》一书中对此做了一个类比：一个橡胶软管通过一个峡谷，而在软管上爬着一只蚂蚁。这个类比最终使人们理解了这一点。观察者用或不用双眼看，软管的表现差别非常大；对于蚂蚁来说差别就更大了，软管包含了一个卷起来的空间，谁也看不见。

在这里，"谁也看不见"最重要。卡鲁扎向爱因斯坦指出的额外维度，和自从20世纪80年代以来不断增加的额外维度数目，都不能用我们已有的任何工具观测到。对数学而言，假设额外维度的存在将导致令人惊讶的结果。一开始吸引爱因斯坦的是，卡鲁扎用一个额外维度所导出的相对论公式，将导出麦克斯韦在19世纪80年代用来描述电磁力的方程。爱因斯坦自己的工作从麦克斯韦的工作发展而来，但只有加上一个额外的维度，电磁学才能与相对论完全统一。爱因斯坦对卡鲁扎的观点忽冷忽热，两年后他才同意发表卡鲁扎的文章。瑞典数学家克莱因又发展了卡鲁扎的观点。但人们所做的实验却想证明这个理论存在很严重的问题。之后，这个想法逐渐被人们放到了一边。

直到20世纪70年代，卡鲁扎的想法才与弦论一起重新为人们所认识。一个偶然的机会，瑞士日内瓦加速器实验室（CERN）中的一个年轻的实习研究员提到了这个新理论。这个实习研究员当时正在处理有关强核力方面的问题。在翻一本数学书的时候，他看到了由数学家欧拉发明的一个深奥的数学函数。他注意到，这些欧拉函数似乎可能描述基本粒子间许多的强相互作用。这是一种全新的研究宇宙方式的起点。那时，量子物理遇到了各种各样的问题，这使年轻的物理学家们迅速地转到这个新的理论方向上。一点一点地，弦论所涉及的许多方面逐渐在20世纪70年代出现。然而，各种材料之间缺少内在的一致性，直到1984年，加州理工学院的施瓦兹和伦敦玛丽皇后学院的格林指出了这种内在的一致性，弦论的发展才走上了正轨。

弦是什么呢？它们是振动的实体，遍及整个宇宙的各个角落；它们如此之小，以致10^{16}个弦才组成一个夸克，这使我们只能从实验推断它们的存在。我们正走向比量子物理的亚原子世界更小的层次，用"微观"来形容这个层次是完全不合适的。

然而，弦论确实存在很大的优点。如何将引力引入量子物理的棘手问题得到了解决，但弦论也不是简单地提供一个统一两者的公式。根据弦论，必须存在引力。实际上，著名的弦论研究带头人威腾走得更远。他认为："弦论具有预言引力的显著特性。"格林对此是这样解释的："牛顿和爱因斯坦发展了引力理论，是因为对世界的观察向他们表明存在引力，因而需要一个精确而一致的解释。与此相反，对于一个学习弦论的科学家，即使他对广义相对论浑然不知，他也会从弦的框架导出广义相对论。"

但在这一点上，即便连格林这样弦论的主要支持者都看到了问题：我们已经知道关于引力的知识，因而弦论关于引力的预言就具有更多的"事后诸葛亮"的成分。即便用来阐述弦论的数学是全新的，并且能得到想要得到的结论，人们对威腾仍有相当的不同意见。然而，弦论相当轻松地将引力与其他三种力（电磁力、强核力和弱核力）统一了起来。

但是，其中出现的额外维度仍是个问题。对于弦论而言，很明显需要额外的六维空间维度，而不是我们日常生活中习以为常的三维。再加上爱因斯坦的时间维度，就得到十维。这些增加的维度就像振动的亚亚原子弦一样，是看不见的，并注定会这样下去，直到人类的技术能够俘获到它们为止。威腾也曾指出，弦论是21世纪的科学，它出现得太早，以致难以用现存的研究手段去证实。我们也应记住，巴比奇在1830年就已确立了基本的计算原理，但他却因陷于完全不实际的纸片打孔技术中，而使他的工作被人遗忘了100多年。科学理论往往超前于实现或证实它的技术水平。

不管怎样，我们必须要问，这个十维的无劈小世界是个怎样的世界？弦理论家对此已有回答。《优雅的穿宙》一书中有许多插图试图描写卡拉比-丘空间。这是由两个数学家卡拉比和丘成桐的姓来命名的空间，而他们的研究与弦论无关，却帮助定义了这样的空间。正如格林一直指出的，这些图画只是近似的表示，因为它们是在二维的纸上表达六维的形状。基本而言，这就像一个人走上了埃歇尔那著名的楼梯，不断循环反复，形成一个球状的线团。形成球状并非处于偶然。因弦论而产生的额外维度实际上卷了起来，难以看到，这种情况就像格林书中讲到的一条软管穿过峡谷，软管上面爬有蚂蚁。在我们知道并能看到的三维空间中还存在另外六个维度。我们对这样一个空间会不知所措，但理论上可组成宇宙万物的无限小的振动弦处理这样的空间却得心应手。

实际上，根据弦论，无限小的振动弦通过这额外的六维的方式决定了亚原子层次的粒子质量等，这些又影响到现实世界所发生的一切。换句话说，这些额外维度并非任意的。它们对于弦产生的特殊的"共振"而言是必需的，正如在宏观世界中当拨动琴弦时，琴的形状和木质产生略微不同的共振一样。当然，在弦论的十维空间中，存在足够多种的共振，能变化出一个有序的宇宙。

弦论的另一个版本中包含的不是10维，而是26维。根据这个版本，存在两种振动类型，一种在10维中顺时针运动，另一种在26维中逆时针运动。另一位弦理论家加莱道雄在他那1994年出版的《超空间》一书中解释道："这两种弦得到这样的名字是因为顺时针和逆时针的振动存在于两个不同的维度中，但它们又组合在一起形成一个单一的超弦理论。这就是取名自希腊词heterosis的缘故，heterosis的意思是杂交的活力。"对于超弦理论家而言，这些维度的美在于它们产生了"足够的余地来解释爱因斯坦理论和量子理论中的对称"。"足够的余地"非常重要。弦论让许多物理学

家的兴奋之处，准确地说，就像加莱道雄所说的，"物理规律简化于更高的维度之中"。粗略地说，就像往办公室里添加几个新文件柜，突然间产生了足够的空间，以合理的方式容纳更多的数据。

从20世纪80年代弦论开始发展以来，这些概念都无法用现在的技术进行检验，这深深地困扰着许多物理学家，尽管一些人发现弦论令人兴奋。在争论的双方中都有诺贝尔奖获得者。预言夸克存在并给其命名的盖耳一曼，认为弦论将最终战胜所有其他的理论。与此相反，格拉肖则与一个哈佛大学的同事一起批驳所谓的"数学中看似无关（可能未被发现）、奇迹般的一致和联系"。

当量子物理学家继续苦攻引力难题时，弦理论家冷静了下来，承认存在一些问题，于是一种稍带不安的平静降临到物理学界。在量子理论一直苦攻同一个老问题时，至少弦论是在走向某一个地方。不管怎样，尽管弦论能较好地处理引力以及其他一些问题，它也存在自身的缺点。正如费里斯在《全部家当》中所指出的，多达300多种的亚原子粒子曾让量子理论困苦不堪，现在它又影响着超弦理论。并且，另外六个维度是如何"卷起来的"还未得到解答。对此费里斯

写道："弦的场论应能导出质子和其他粒子的质量，但这样的理论还未出现。"加莱道雄说得更直接，没有人聪明得能解决场论问题。这与威腾的看法一致，弦论属于21世纪物理学，它不小心掉到了20世纪。（在美国物理学会等资助出版的沙普利的《20世纪物理学》一书中，却非常有趣地坚决拒绝提到弦论。）

加莱道雄还认识到了另一个困难。没有人知道为什么超弦数学只在10维或26维起作用，否则方程组将崩溃，这就是为什么格拉肖认其为魔数的原因。使事情更糟的是，有人认为也许应该将10维改为11维，增加的不是另一个空间维度，而是给爱因斯坦建议的时间维度再加一个时间维度。

许多顶尖物理学家都认为，弦论要么可解决物理学中的全部秘密，用量子理论完全统一牛顿宇宙和爱因斯坦宇宙；要么就是大错特错。我们知道亚里士多德的地心宇宙，是因为这个完全错误的观念统治了人们的思想很长时间，还有许多错误的理论在公众听到它们之前就已消失了。如果弦论确被证明是错的，许多重要的物理学家将希望藏于看不见的维度中。当然，这样他们就不会在我们周围感到尴尬了。解决弦论秘密的技术和数学可能出现在未来的几十年后。

时间的本质之谜

时间是什么？文学家说，时间是铁面无私的法官；企业家说，时间是金钱；政治家说，时间是生命。诸如此类说法，均涉及人的情感。只有科学家才是关于时间的最公正的裁判。

到目前为止，科学家已认识到时间具体有两重性：对称性（或可逆性）及其破缺（或不可逆性）。对称性时间源自牛顿力学（牛顿第二定律的表述方程经时间反演变化即用——t替代t后保持不变），按照这种时间观，现在、过去、未来是没有区别的，如行星无休止的圆周运动，钟表指针圈复一圈及气候春夏秋冬年复一年的循环。（图：时间的本质是什么呢）

19世纪中期，开尔文（英国）等发现了热力学第二定律。按照这个定律，物质和能量只能沿着一个方向转换，即从可利用到不可利用，从有效到无效，从有秩序到无秩序。如煤燃烧后，成为无法生热的煤灰，并向大气层放出一氧化碳等废气。这就意味着时间对称性的破缺，宇宙万物从一定的价值与结构开始，不可挽回地朝着混乱与荒废发展，不同时刻的价值与结构不相同。第二定律揭示了一种"退化"的非对称性时间。"君不见高堂明镜悲白发，朝如青丝暮成雪"就反映了这种时间观。

几乎与此同时，进化论者发现了发生在生物界和人类社会的时间对称性破缺，创立了进化时间观。达尔文认为，地球上的生物处在不断进化之中，从简单到复杂，从生命的低级形式向高级形式，从无区别的结构到互不相同的结构。马克思认为，人类社会是逐渐由低级向高级，向更加完善更加有序的阶段发展的。与退化论者恰成对照，进化论者的这些发现是令人十分乐观的：随着时间的流逝，宇宙将进化得越来越精美，不断地向更高水平发展。

从人的一生依稀可见时间的进化性、对称性和退化性的缩影。在一个受精卵发育成人的过程中，体内的组织逐渐从简单向繁多精密发展。从脱离母体到成年（约20~35岁），人体器官逐步向功能完善发展。从成年到40岁左右，人体各器官的功能基本保持不变。此后，人体各器官的功能逐渐衰老。

20世纪70年代中期，通过对自组织现象的仔细考察和长期研究，普利戈津提出了耗散结构理论。按照该理论，可逆性是时间具体有对称性的基础，不可逆性是时间进化和退化的本质，一个非平衡系统（系统的温度等状态参量随时间变化，或系统与外界存在诸如热流粒子等宏观流动）的演化过程，可用数学中的分支点理论的描绘。一个非平衡系统（无论是生物或非生物系统）经过分叉点A、B演化到C时，对C态的解释必然暗含着对A态与B态的了解。C态的秩序和结构比A态与B态的既有可能更高级精密（进化）也可能更低级简单（退化）。普利戈津就这样定量统一地解释了时间的进化性和退化性。

大爆炸模型（伽莫夫等，20世纪40年代）和爆胀模型（古斯等，80年代）揭示了时间在宇宙尺度上的对称性破缺：约200亿年前，宇宙还是一个质量密度无限大的"奇点"，一次巨大的爆炸，并经过200亿年的近光速膨胀，形成了现在的宇宙，且还在膨胀。在基本粒子领域，美国科学家克罗宁和菲奇发现了时间对称性自发破缺的现象（1964年）：C介子在衰变过程中，对于空间反射和电荷共轭变换不守恒，从而说明了时间反演对称性自发破缺。

爱因斯坦曾认为，时间不过是人的主观"幻觉"而已。他说："对我们这些信念坚定的物理学家来说，过去、现在与未来之间的差别只是一种幻觉，虽然是一种长久不变的幻觉。"这种观点未免过于偏颇。如上所述，时间是具有客观性（事物或发展或退化或不变是客观的）。但不可否认，时间确与人（的主观性）有联系。搞清楚时间的最终本质是科学家的一大愿望。

时光能够倒流吗

美国影片《回到1872年》，讲的是主人公不惜生命代价，回到过去拯救芝加哥市民的故事，观众总以为这是艺术家的虚构。因为，中国古代思想家孔子早就有过"逝者如斯夫"的名言，时光匆匆，怎能倒流？然而，大自然发生的奇迹却又明白无误地告诉我们，在我们过去的20世纪里，时光倒流竟不可思议地发生了。

1994年初，一架意大利客机在非洲海岸上空飞行。突然，客机从控制室的雷达屏幕上消失了。正当地面上的机场工作人员万分焦急之际，客机又在原来的空域出现，雷达又追踪到了客机的讯号。最后，这架客机安全降落在意大利境内的机场。然而，客机上的机组人员和315名乘客，并不知道他们曾经"失踪"过。机长巴达里疑惑不解地说："我们的班机由马

尼拉起飞后，一直都很平稳，没有任何意外发生，但控制室竟说失去班机的踪影，实在有点不寻常。"不过，事实却不容争辨：到达机场时，每个乘客的手表都慢了20分钟。

无独有偶，据资料记载，1970年也发生过类似的奇闻。当时，一架727喷气客机在飞往美国迈阿密国际机场的旅途中，也无故"失踪"了10分钟。10分钟以后，客机也在原来的地方出现；接着，安全飞抵目的地。客机上的所有人也都不知道发生了什么事，而最终使他们相信的理由也是因为所有的手表都慢了10分钟。对此现象，专家们认为唯一的解释是：在"失踪"的一刹那，时间"静止"不动了，或者说出现了时光倒流。

就在意大利客机空中历险的同一年，传媒又披露了发生在埃及的时光倒流4000年的奇迹新闻：一枚尚未发行的现代银币，被深藏在一座太阳神庙的地底下。当时，一个由法国考古学家组成的考古工作队，来到尼罗河畔最早出现人类活动的地区进行科学考察。他们发现了一座太阳神庙，距今已有4000年的历史。由于人迹罕至，庙宇早已倾塌，仅是废墟一座，故而显得十分荒凉、破败。当考古学家在对废墟进行发掘时，在一块古老的石碑下，发现了一枚深埋在地下的

未来人们真的能穿越时空吗

银币。奇怪的是，这不是一枚古埃及银币，而是一枚美国银币；更加奇怪的是，这又不是一枚美国古银币，而是一枚现代银币。最不可思议的是：这是一枚已经铸造好、准备在1997年才进入市场流通、面值25美分、尚在美国金库中"留守"的未流通银币。美国的现代银币，为何"跑到"4000年前的古埃及庙宇中？科学家们百思不得其解。

随着苏联的解体，一些机密文件不断面世，科学家查阅到其中也有时光倒流的内容。那是在1971年8月的一天，苏联飞行员亚历山大·斯诺夫驾驶米格21型飞机在做例行飞行时，无意中"闯入"了古埃及。于是，他看到了金字塔建造的场面：在一望无际的荒漠中，一座金字塔巍然矗立，而另一座金字塔刚刚奠起塔基……

1986年，一位美国飞行员驾驶SR71型高空侦察机飞越佛罗里达州中心城区时，突破"时空屏障"，来到了中世纪的欧洲上空。他在递交给军方有关部门的报告中这样说，飞机掠过树梢，可以感受到巨大的篝火发出的热浪，成堆的尸体令人触目惊心。专家们调查后指出：这位空军飞行员看到的是欧洲历史上发生著名的"黑死病"的情景。由鼠疫引发的瘟疫波及整个欧洲大陆，成千上万的人倒毙街头，是一场名副其实的灾难。

如果说，上述因时光倒流而回到

从前只是偶然发生并不稀奇，甚至令人怀疑。蹊跷的是，物理学家马西教授也向世人展示了来自北约的绝密报告，报告中所描述的事实，同样令人匪夷所思：1982年，一位北约飞行员在一次从北欧起飞的飞行训练中，他的视野中，竟然出现了数百只恐龙，飞机竟然来到了史前非洲大陆。一位北约飞行员在飞行途中，"误入"第二次世界大战时期的德国战场。盟军和德军战机的飞行员都看见了他，他也看见了他们，仅仅1分钟后，他又回到了现实。

时光可以倒流吗？现实情况是，人类的智慧尚不足以阻挡时间的飞进；但从理论上来说，时光倒流、回到从前绝非不可能。

根据爱因斯坦的理论，时间和空间可以在光速中发生变化。所以，假如一个物体以30万千米／秒的光速飞行时，空间可以缩短，时间可以变慢。加利福尼亚州立大学的一位物理学家通过计算后称：人类从地球到达仙女座需要20万年，而在光速飞船上仅需20年。那么，这种美妙的事情是否会真的发生呢？答案谁也不知道。

虽然，科学家们在20世纪已经发现宇宙中存在比光速还要快的神秘质点。但超光速研究的结果会如何，恐怕不是近期可以看到的。

谁能说清地磁的方向

大家都会说：地磁谁不知道！指南针还是中国发明的呢！指南针之所以能指南北方向，就是因为地磁场的方向是南北的，地球的北极是地磁的S极，地球的南极是地磁的N极。

这种说法，并不太准确，人们自古至今都进行了细微的观察。发现地磁的方向并非正南正北。九百年前北宋的沈括在《梦溪笔谈》中曾对磁针下过这样的结论："方家

沈括

地球磁场

以磁石磨针锋，则能指南，然常微偏东，不全南也。"

根据当今科学的测量，证明磁针的S极确实微微偏东。也就是说，地磁的N极处于南半球南纬70°10′和西经150°45′的地方，离南极约1600千米的罗斯海附近；而地磁的S极处于北半球北纬70°50′和西经90°的地方，离北极约1600千米的加拿大北海岸附近。

还有更奇怪的事情，地磁的方面不但有些偏离，而且还会倒转。也就是说，地磁的强度和方向逐渐变化，由强到弱，逐渐变为零，然后地磁的方向发生倒转。于是，原来的S极变成了N极，原来的N极变成了S极。这时候，如果再用磁针来观察的话，磁针的S极指向地球的北极，磁针的N极指向地球的南极了。

这种倒转的情况并不是没有发生过，据科学家们测定和分析，在过去50万年里，地磁的方向发生过5次倒转。如果再往前推，到过去的450万年中，这种地磁的倒转有过9次。当然，所有这些倒转都发生在人类文明史之前，即使最近的一次倒转也要追溯到二、三万年以前。因此，人类文明的记载中一向是认为指南针的S极是指南，而不是指北。

既然人类文明史以来，地磁的方向没有颠倒过，那么又怎么知道地磁方向倒转过呢？原来，地壳中火山岩石清楚地记载着地磁的变化。当火山爆发时，从地球内部喷射出大量熔融的岩浆，这些岩浆在冷却时，其结晶体是按地磁方向整齐排列的。我们采用现代的检测手段，例如用放射性的检测方法，就可以间接地推测出地球不同地质年代的地磁情况。从这些测定和分析，于是得出了上述地磁倒转的结论。

近几年来，对地磁的研究有了新的进展，美国通过发射的地磁卫星可以对地磁强度进行精密的测量。测量结果表明，目前地球的地磁强度仍然在减弱，据推算，再过1200年，即公元33世纪的时候，地磁又行将消失。到时候，地球成为一个无磁的星球。

这时采用罗盘航海又将迷失了方向，宇宙线也将肆无忌惮地射向地球。此后或许再度使地磁南北极倒转。这种大变革到底给人类带来灾难还是福音，那就无从可知了。但可以相信一点，再过1200年，人类科学技术会有更大的进步，人类不但会适应这种自然的变化，而且会驾驭地磁陛下为人类造福的。

地磁为什么产生？地磁为什么倒转？有的人说：地球的两极有着巨大的磁铁矿。有的人说：地球内部蕴藏着巨大的磁性物质，整体形成一根巨大的磁铁。也有的人说：地球是一个电流模型，由于巨大的电流环绕地球流动，使地球产生磁性。还有的人说：地球磁场的变化受地球上空电离层的影响，甚至受太阳黑子的爆发或耀斑的影响。总之，目前对地磁的解释众说纷纭，但没有一种权威的理论。地磁之谜还有待于人类去做艰苦的探索。

其他学科的未解之谜

QITAXUEKEDEWEIJIEZHIMI

化学元素是怎样产生的

众所周知，任何固态、液态和气态物质都是由化学元素组成的（产生光、热、波、场和电的物质也不例外）。

然而，自然界中的各种化学元素，不论是元素周期表里第1号元素氢，还是第92号元素铀，都是由原子核和核外电子组成的。原子核里有质子和中子。质子带正荷，电子带负电荷。在原子核中，核电荷数由质子决定。核电荷与质子及电子的关系是：核电荷数——核内质子数——核外电子数。例如钠，核内有11个质子，核外有11个电子；钾核外有19个电子，当然其核内就有19个质子。

这就告诉我们，在一定意义上说，不同种类的化学元素，是质子（和中子）与电子按一定比例"组合"出来的。而人造元素正是人为地"拆""合"它们而合成出来的。科学家们通过高能加速器等现代实验设施，已经合成出从第93号到第115号共23个新元素。

现代探明，太阳系内各个星球同地球一样，都是由相同的化学元素构成的。那么，这些化学元素当初是怎样产生的？

被称为20世纪最重大的科学理论——宇宙大爆炸理论认为：很久很久以前，有一个"东西"，内部积存了很多的能量与空间。其温度比现时的太阳还要热许多倍。大约在150亿年前，这个"东西"发生惊人的大爆炸，威力无比。它释放出来的能量和空间向四周散射，后来就成了宇宙间的种种天体，其中包括我们的太阳系和地球。

1989年11月18日，美国航天局发射了价值1.6亿美元的宇宙背景探测卫星。经过近3年的飞行搜索，到1992年夏天，从发回来的数据表明，在宇宙的边缘（离我们约140亿光年处）有庞大无比的波纹物质，其宽度从4.6×10^{21}到94×10^{21}千米不等。这些物体的形状凹凸不平，像投石水中荡起的涟漪。这似乎可以作为宇宙大

浩瀚的宇宙中又有哪些没被发现的元素呢

爆炸理论的重要依据。

于是，有人这样认为，宇宙大爆炸犹如一台能量极大的加速器，它足以使那些质子、中子和电子等自由离散和组合。结果，形成了92种（太阳系内）天然的化学元素。这种推断对不对？如果对的话，为什么不多不少就只生成92种元素呢？太阳系以外的星球，银河系以外的天体所含的元素都与地球一样吗？

在20世纪里，科学家们没能圆满地解决这些科学难题。在21世纪，我们能够知道这些问题的答案吗？我们只有期待科学家们的进一步研究了。

第四态物质的神秘面纱

现在，人们对"超微粉末"这个词语并不陌生。但是什么叫超微粉末？现在还没有统一的定义，一般是把粒径（颗粒的直径）小于0.1微米的粒子称为超微粒子。这样细的粒子，人的眼睛当然是看不见的（人眼的最小分辨范围为0.1～0.2毫米，1毫米=1000微米），即使用最优良的光学显微镜也不能分辨，而只有用电子显微镜才能看出它的原形。超微粒子这样小，以至于同原子分子的大小值

差一个数量级，实际上它是由数目不多的原子或分子组成的保持原有物理化学性质的原子或分子群。在热力学上它是不稳定的，是一种新的物理形态。人们把它同等离子体并称为物质的第四态。

不难想象，一定重量的块状物质变成颗粒以后，颗粒愈细则其表面积总和就越大，裸露在外面的原子就愈多。裸露在表面的原子由于有些原子结合键被"掰断"，于是就有了"多余"的能量。这样，就使任何物质的超微粉末具有这样的特点：表面积和表面能都非常大，大至什么程度？1克超微粉末的表面积竟达 $70m^2$。这样，超微粉末就有一系列奇特的性质：

1. 表面张力大，对其内部产生极高的压力。

2. 熔点比同种的金属块低得多。

3. 磁性强。超微磁铁可与当代永磁王钕铁硼一争高下。

4. 在低温下几乎没有热阻，导热性极好。

5. 对光吸收性能好，还能吸收红外线。

由此，超微粒子目前已获得重要应用：美国和苏联专家，利用超微粉末比表面（单位重量的表面积）大和

F-22战斗机表面就有一特殊的超微粉末涂层来躲过敌方的雷达，以达到隐身的目地。

表面活性高的特点。在固体火箭的燃料（如端羧基聚丁二烯等）中，加入1%超微铝粉，其燃烧热可增加1倍。

普通钨粉要在3000℃高温下才能烧结成材，而掺入0.1～0.5%的超微镍粉后，烧结成型温度可降至1200～1300℃。

战车、坦克、飞机，外面涂上超微粉末涂层以后，可以吸收红外线，躲过敌方的红外雷达和夜视仪。

此外，它还可以做高密度磁带、高级音响的喇叭，超微药物、防静电纤维等等。因此，在20世纪末，乃至现在，各国对超微粉末的研究都十分活跃。日本已把它作为材料科学的四大研究任务之一。当前还有许多理论问题和实践问题没有解决。超微粉末为什么会有许多奇特的性质？甚至能改变原来物质的性质？这个问题现在理论上还很肤浅。在制造方法上，现在最多只能达"千克"级，离工业应用差距甚远。还有，这样细小的粉末怎样收集和存放（防止"结块"）？现在也还是难题。

或许在不久的将来，科学家们可以解开这个20世纪的技术之谜。

化学制剂能消灭害虫吗

从古到今，各种害虫糟塌庄稼，人类一直同它们展开殊死的战斗。人们灭虫的招术层出不穷，而害虫死里逃生、东山再起的花样也不断翻新。时至今日，害虫能否被根治也还是个谜。

1942年，美国化学家米勒，第一次发现滴滴涕能有效地杀灭害虫。从此，化学杀虫剂所向披靡，使各种害虫频临灭顶之灾。岂料，好事无全，化学杀虫剂带来环境污染，杀死了很多有益的昆虫，由此化学杀虫剂便名声大坏。而害虫又从死亡之中产生出抗药性，于是，它们渐渐地缓过劲来，繁衍出有恃无恐的后代，变本加厉地向庄家袭来。

魔高一尺，道高一丈。到了20世纪60年代，专家们研究出生物杀虫剂，最著名的是从非洲的一种叫除虫菊脂的植物中，提取出一类叫除虫菊酯的天然毒素，只针对害虫，而不伤及害虫的天敌和留下残毒物质。一时间使害虫闻风丧胆。专家们也暗自高兴，希望由此能开创一个灭虫的新天地。

然而生物杀虫剂也非万应灵药，一些害虫又产生出新的抗药性，而且应变速度惊人。如印第安肉蛾仅在第三代就产生了抵抗力。西红柿蚜虫到12代也有了抗药性。

于是，专家们又研究出性诱剂，招引"情郎"前来"结婚"交配。在大自然中，昆虫中的"姑娘们"的性诱剂是很有诱惑力的，几百个分子就足以引起雄性的反应（须知一滴液滴约有15×10^{18}个分子，几百个分子是多么少的数量）。而且作用距离还相当远，1千米以外的雄虫都能"感觉"到。专家们利用人工合成的性诱剂设置陷阱，把雄虫引诱过来之后，聚而歼之。使那些"妙龄少女"一个个都变成"活寡妇"。

这个方法确实很妙。许多国家除用这种方法直接诱杀外，还用来测报害虫密度，使之在害虫聚群交配的峰

化学杀虫是人类对付农业害虫的主要手段之一

期，施洒杀虫剂，让这些陶醉在花前月下的"情男恋女"同归于尽。

然而好事多磨。害虫的性诱剂分泌量很少，1970年，专家们为了鉴别舞毒蛾的性诱剂，曾从87000只雌蛾身上提取这种物质，这是性诱剂灭虫发展的第一个障碍。第二，性诱剂专一性极强，每一种害虫都有自己的性诱剂，别的害虫不能共而有之。这就意味着对每一种害虫的性诱剂都要加以提取、分离、鉴定、人工合成等一系列复杂工作。据估计，现在农作物害虫至少有100多种。要把它们的性诱剂一一弄清，实属不易。即便人类能做到这一步了，而害虫可能又会出来"反诱惑"的"高招"。

在整个20世纪，人们都没能用化学制剂彻底消灭害虫。害虫们直至今日仍然十分猖獗，常常给农业生产带来很大的损失。那么，人们是否能够使用化学方法消灭害虫呢？化学制剂何时才能在与害虫的战争中能百战百胜？科学家们在21世纪又向这个领域的更高峰进军了！

C$_{60}$分子结构的难解之谜

1985年9月，人类又获得了一个重大的发现：美国休斯敦大学的斯莫利研究小组，在用大功率激光轰击石墨靶作碳的汽化试验时，发现了由60个碳原子组成的C$_{60}$分子。到1991年，又发现了它的庞大家族，包括C$_{32}$、C$_{50}$、C$_{60}$、C$_{70}$、C$_{240}$、C$_{960}$……等等。发现这些由几十个甚至成百上千个碳原子互相连接所组成的空心球，是人类有史以来的第一次，故被称为是20世纪的"世纪发现"之一。

但是，这个"世纪发现"却给科学家们带来了一个个难解之谜，也可称之为"世纪之谜"了。C$_{60}$分子的结构类似于美国建筑师富勒设计的圆顶建筑结构，故斯莫利把这种碳分子取为"富勒氏球"。

这种C$_{60}$分子有许多神奇的性质：化学性质非常稳定，加热到

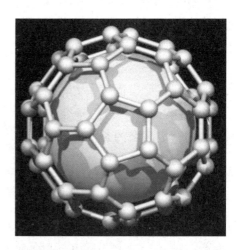

富勒氏球

400℃才会升华；掺入钾、铷等金属元素出现超导性。有些专家认为，它可能会成为世界上最硬的物质。目前，化学家们正在探索它的奇妙用途。

化学家对一种新物质的研究，总是把组成、结构、性质、用途等连在一起的。那么，C_{60}是什么样的结构呢？斯莫利等人认为，它应为平截正20面体形成的32面体。正20面体含20个正三角形面，每一个顶角为5个正三角形面的顶点，共有12个顶点。所谓平截正20面体是在每一个顶角下正三角形的1/3处通过一个平面截去邻近的正五角锥，露出一个正五角形。平截去掉12个五角锥以后。每一正三角形面成为正六角形面。故所得的C_{60}32面体是由12个正五角形和20个正六角形面围成，共有60个顶角。每一个顶角是两个正六角环和一个正五角环的聚会点。两者的内角分别是120°和108°，每一个顶角上有一个碳原子。斯莫利认为，各顶角上的碳原子之间是以SP^2杂化轨道形成共轭双键，而在近似球状的笼内和笼外都围着π电子。

然而，这样的判断是否正确？现在还说不好，还有待进一步证实。因为一个科学研究往往需要几十年、甚至几百年的时间才能完成。不过，可以肯定的是一旦人们弄清了C_{60}的真实结构，则不仅可以解释它现在所表现的性质，而且还可开辟C_{60}等的新用途。

电子是振动弦吗

自从电子被发现之后，绝大多数物理学家都认为它是一个"点"，是粒子。电子，是基本粒子之一。20世纪90年代后期，有人创造一种新理论，提出电子不是点粒子，而是一根振动的小弦。物理学家们为此陷入了争论之中。

赞成电子是振动弦的物理学家认为，在微观世界，不仅电子是一根振动的小弦，而且质子、夸克等微小粒子也都是由弦构成的。2个和3个夸克之间互相起作用，就好像是用橡皮筋连接在一起，运动起来就像一根扭曲的弦。这些说法来自"超弦"理论。根据这一理论，电子、质子和夸克等等粒子都是由弦构成的。

"超弦"理论提出之后，使一些物理学家产生了浓厚兴趣。因为用这个理论可以解释用基本粒子理论无法解释的物理现象。长期以来，有一个物理问题最让物理学家头疼，这就是把电子看成点粒子，计算它的电场和引力场，就会计算出电场和引力场都存在着无穷大的能量。显然，这与实际不符，也是不可能的。如果用量子力学进行计算，又出现电子图像模糊。

为什么会产生这样的情况呢？有的物理学家认为，电子不是一个点粒子，而是一根振动弦。如果是这样，电场和引力场有无穷大的能量问题就成为不可能。而且，用此理论可以处理所有基本粒子的相互作用和无穷大问题。这样看来，超弦理论实现了物理理论的大统一，它是一种包罗万象的理论。所以，一经提出，就使整个物理学界为之振奋。有人认为，这是物理学的一次革命，有着深刻的意义和理论价值。

但是，超弦理论也有说不通的地方。人们生活的经验告诉我们，我们是生活在四维空间。小到微观世界，大到宇宙空间，都是三维的。如果把时间也算作一维，就成了四维时空。有了四维时空，我们就可以知道客观世界是怎么回事了。从古至今，人类就在四维时空中生活。

如果按照超弦理论，就应该有一个十维时空的背景，我们怎么也想象不出那多出来的六维时空是怎么回事。不论是谁，哪怕是物理学家自己，也只能感受到四维时空，即四个自由度，那六个自由度怎么也感受不到。物理学家说，那六个自由度都卷缩起来了。人的眼睛是看不到的，生活也感受不到。

既然电子是一根振动的小弦，这个弦又有多大呢？科学家计算这根弦没有任何内部结构，弦的大小是10-22@厘米。弦的大小大约是原子核的十万亿亿分之一。用一个形象比喻说明其大小，相当于太阳系与一个原子相比。

这么小的弦，能测得出来吗？现在不可能，未来或许可能。科学家说只要能造出比现有加速器快10倍的加速器，就能观察到"弦"。不过，目前对此还无能为力。

中微子的质量是零吗

在研究放射物质时，科学家们注意到一个现象，原子核放出一个电子（或正电子）的时候，会带走一些能量。经物理学家仔细计算，损失的能量比电子带走的能量大，有部分能量丢失了，但不知道怎么会丢失的。

这一现象，与物理学中的能量守恒定律相违背。难道能量守恒定律靠不住了？

奥地利物理学家鲍利经过研究之

后，解释说：放射性物质在放射线中，不仅有电子，同时还有一种我们尚未认识的粒子，就是这个神秘粒子带走了那些丢失的能量。物理学家费米对鲍利的观点十分称赞，他还给这个未露面的粒子取名为"中微子"，即中性的微小粒子。但许多物理学家不相信中微子的存在。为了证明中微子的存在，必须捕捉到中微子。

于是，主张中微子存在的科学家设计了一套严密的捕捉方法。因为中微子是中性的，不带电，不参与电磁作用，它又速度极快，接近光速、穿透力极强，来无踪去无影，这就大大增加了捕捉中微子的困难。从鲍利提出中微子的存在到真正捕捉到，这中间经过25年时间，可想而知其中的艰难程度。

首先提出《探索中微子的建议》的科学家是中国人，他就是王淦昌院士。他在1942年设想了一个探测中微子的方法。他的这一建议后来为一位美国科学家所接受。通过实验证实了丢失的能量的确是被中微子带走了。经过十多年的不懈努力，1956年美国物理学家柯文和莱因斯向世界宣布他们捕捉到了中微子。

这两位科学家做了一个很大的探测器，把它埋在一个核反应堆的地下，而且埋得相当深。经过一个相当

王淦昌

时间，他们终于测到了从核反应堆中放出来的中微子。这是物理学家首次通过实验证实了中微子的存在，是很了不起的重大发现。不久，物理学家又捕捉到从宇宙空间射来的中微子。

中微子是发现了，但是仍然留下许多难以解释的谜。例如，让科学家们感到奇怪的是中微子数量不够，总是比预期的数量要少，而且这个"漏网"的数量还很大。为什么物理学家不能全部捕捉到中微子呢？另一个不可思议的问题，是中微子的质量问题。质量，是粒子的重要性质。在所发现的粒子中，物理学家都可以测出它们的质量，也不存在什么困难。唯

美国的萨德伯里中微子天文台

有中微子的质量怎么也定不下来。

美籍华裔科学家，诺贝尔物理学奖获得者杨振宁和李政道经过理论分析，认为中微子的质量是零，即没有质量，所以，在真空中才以光速运动。但是，其他一些物理学家持怀疑态度。他们不相信中微子的质量是零，认为下的结论尚早，需科学实验加以验证。

到底中微子有没有质量呢？苏联和美国的物理学家进行了卓有成效的测定，他们测出了中微子的质量。但没有多久，别的科学家重复他们的实验时，测出来的质量数据又不一样，很像是零。因此，这一结论又陷入困境之中。后来有报道又称测到了中微子的静止质量。

不论中微子有没有质量，都留下一连串的谜。期待科学家能对这一问题作出一个明白无疑的结论。

多相催化隐藏的秘密

自从1910年德国的化学家哈伯用过渡金属锇作催化剂，由氮和氢直接合成氨（化肥）以后，现代催化工业便以一泻千里之势迅速发展起来。据统计，现在大约有80%以上的人造物质，如合成橡胶、塑料、纤维、药品、油漆等等，都要使用催化剂。现在美国的催化剂决定着全国毛产值的20%（4000多亿美元），成为其国民经济的重要支柱。

催化，就是催促变化。这个概念最早是由瑞典化学家贝采利乌斯于1835年提出来的。1895年，德国化学家奥斯特瓦尔德提出了催化的标准定义："加速化学反应而不影响化学平衡作用"。同时，他对什么是催化剂也提出了科学的定义："能提高化学反应速度，而在反应前后自身在组成和数量上保持不变的物质叫催化剂"。催化剂对化学反应的加速是惊人的，最大时可达10个数量级。

现代，根据催化剂的物理和化学性能，可分为多相催化、均相催化、电催化、光催化和酶催化。而用得最多的是多相催化。多相催化的催化剂是固体，催化反应在催化剂表面进行，催化剂的表面积很大，通常有 $1 \sim 500 m^2 / g$。故多相催化又叫表面催化。

固体催化剂的表面为什么会有催化性能，现在还没有弄清。不过，从实验事实来看，它与催化剂的表面吸附和表面结构有关。

例如，当一个甲醇分子在铑催化剂表面上只粘附一会儿（被吸附了）。此时，若有一个一个氧化碳分子与它相遇时，刹那之间，就与甲醇分子化合成为乙酸（醋酸）分子离开铑的表面。仅在美国用这种方法生产的乙酸就有50万吨之多。可是，若它们在气相中相遇，怎么也不发生上述反应。

再如，铂是正庚烷脱氢环化生成甲苯的优异催化剂。专家们发现，铂的表面结构不同，反应速度各异：阶梯型最快，平板型最差。

为什么会这样？为什么非要把反应分子吸附在催化剂表面，反应才能进行？催化剂表面是怎样给它们"撮合"的？反应分子为什么受催化剂表面晶体结构类型和形貌的影响？这种影响又是怎样发生的？所有这些现在都不得而知。

所以，整个20世纪乃至现在，在选择催化剂方面并没有什么理论能予以指导，全凭经验筛选。一旦弄清这些奇妙的表面，则整个催化工业的面貌将为之一新。

永无穷尽的元素周期表

我们肉眼看得见的物质（如楼房）或看不见的物质（如空气），都是由什么组成的？这一问题曾困扰人们数千年。随着科学的进步，到19世纪初期，经过科学家们的研究，终于揭开了物质世界的面纱：世界上的一切物质都是由元素组成的。从坚硬的石头到软绵绵的棉花；从流动的水到飘浮的云；从人的肌肉骨骼到极小的细菌；从高大的树木到浮游生物……一切都不例外。

那么元素大家庭的成员到底有多少个呢？19世纪时，科学家们认为只有92个。直到1940年，美国加利福尼亚大学的麦克米伦教授和物理化学家艾贝尔森在铀裂变后的产物中，才发现了93号新元素！他们俩把这新元素命名为"镎"，镎的希腊文原意是"海王星"，这名字是跟铀紧密相连的，因为铀的希腊文原意是"天王星"。镎的发现，充分说明了铀并不是周期表上的终点，说明化学元素远没有达到周期表上的终点，在镎之后

门捷列夫

还有许多化学元素。镎的发现，鼓舞着化学家在认识元素的道路上继续前进！于是，20世纪化学领域的一个重大谜团产生了——元素周期表有没有终点？

发现镎后不久，美国化学家西博格、沃尔和肯尼迪又在铀矿石中发现了94号元素。他们把这一新元素命名为"钚"，希腊文的原意是"冥王星"。这是因为镎的希腊文原意是"海王星"，而冥王星是在海王星的外面，当时人们认为它是太阳系中离太阳最远的一个行星。钚的发现在当时根本没有引起人们的注意，人们只是把它看作一种新元素而已，谁也没有去研究它到底有什么用处。但当人们发现了钚可以制作原子弹之后，钚就一下子青云直上，成了原子舞台上非常难得的"明星"！而且，钚的发现及广泛应用，使人们对元素的认识，进入了一个新的阶段：原来，世界上还有许多很重要的未被发现的新元素。

于是，人们继续努力，要寻找94号以后的"超钚元素"。在1949年底，钚的发现者——美国化学家西博格和加利福尼亚大学教授乔索合作，用质子轰击钚原子核，最先发现了95号元素和96号元素。他们将95号元素和96号元素分别命名为"镅"和"锔"，用以纪念发现地点美洲和居里夫妇（"锔"的原意即"居里"）。

西博格和乔索继续努力，在1949年又制得了97号元素——锫；在1950年制得了98号元素——锎。锫的原意足"柏克立"。因为它是在柏克立城的回旋加速器帮助下制成的；锎的原意是"加利福尼亚"，因为它是在加利福尼亚州的回旋加速器帮助下制成的。

接着，人们又开始寻找99号元素和100号元素。当人们准备用回旋加速器制造出这两种新元素之前，却在另一个场合无意中发现了它们。那是在1952年11月，美国在太平洋上空爆炸了第一颗氢弹。当时，美国科学家在观测这次爆炸产生的原子"碎片"

时，发现竟夹杂着两种新元素——99号和100号元素。1955年美国加利福尼亚大学在实验室中制得了这两种新元素。为了纪念在制成这两种新元素前几个月逝世的著名物理学家爱因斯坦和意大利科学家费米，分别把99号元素命名为"镄"（原意即"爱因斯坦"），把100号元素命名为"镄"（原意即"费米"）。

1955年，就在制得镄以后，美国加利福尼亚大学的科学家们用氦核去轰击镄，使镄原子核中增加两个质子，变成了101号元素。他们把101号元素命名为"钔"，以纪念化学元素周期律的创始人、俄罗斯化学家门捷列夫。

1958年，加利福尼亚大学与瑞典的诺贝尔研究所合作，用碳离子去轰击锔，使锔这个本来只有一个质子的原子核，一下子增加了六个质子，制得了极少量的102号元素。他们用"诺贝尔研究所"的名字来命名它，叫做"锗"。

到了1961年，美国加利福尼亚大学的科学家们着手制造103号元素。他们用原子核中含有5个质子的硼，去轰击原子核中含有98个质子的锎，进行原子"加法"：5+98=103，从而

元素周期表

元素周期表

制得了103号元素。这个新元素被命名为"铹"，以纪念当时刚去世的美国物理学家、回旋加速器的发明者劳伦斯。

在1964年、1967年，苏联弗列罗夫领导的研究小组和美国的乔索及西博格等人，分别用不同的方法制得了104、105和106号元素。

1976年，苏联弗列罗夫等人着手试制107号元素。他们用24号元素——铬的原子核，去轰击83号元素的原子核。24+83=107，就这样，107号元素被制成了。

到目前为止，得到世界各国科学家公认的化学元素，总共有115种。然而，世界上到底存在有多少种化学元素？人们会不会无休止地把化学元素逐个制造出来呢？这个问题引起了人们激烈的争论。

有人认为，从100号元素镄以后，人们虽然合成了许多新元素，但是这些新元素的寿命却越来越短。像107号元素，只能存在1毫秒。而115号元素的寿命更短，因此要人工合成新元素的希望将越来越渺茫。他们预言，即使今后人们还有可能再制成几种新元素，但却已为数不多了。但是，很多科学家认真研究了元素周期表，并推算出在115号元素以后，可能又会出现几种"长命"的新元素！

到底孰是孰非呢？让时间来回答这个问题吧！

聚合水理论正确与否

在任何一本教科书里都这样写道：水是一种化合物，它的分子式是H_2O。可是，人们果真知道水是什么东西吗？其分子式对不对？有一点很清楚，水的分子式被人们简单化了。人类受到汪洋大海的包围，而海洋是如何形成的，海洋水到底是什么物质，我们都还茫然无知。

古希腊的哲学家们看到流水源源不断，就得出结论说：水同土、空气和火一样，也是一种元素。地球万物都是由这四种元素构成的。哲学家们的说法可称为超群的见解，直到17世纪以前，人们始终觉得他们的说法无懈可击。

在1770年以前，人们把气体混合物的爆炸视为壮观的景象。点燃氢和氧，燃烧后自然生成了水。可是当时没有谁留意到进行这种反应时生成的那一点水分。人们只顾争论水能不能变成"土"的问题了，为了观察水能不能变成土，天才的法国化学家安图安·罗兰·拉瓦锡用三个月的时间，连续做着水的蒸馏试验。

当时，以毫无根据的假设为依据的"燃素说"，由于受到名人的推崇而名赫一时，它阻碍了人类认识的发展。"燃素说"论者认为，燃烧着的物质能够释放出"燃素"。尽管这位拉瓦锡已经发现了金刚石是由碳组成的，还分析了矿泉水的成分，但他却信奉着"燃素说"。

詹姆斯·瓦特这位工程师和蒸汽机的发明家，最先认清了水的本质。他虽然不是化学家，也没有进行过相应的试验，但他却不固守偏见。詹姆斯·瓦特于1736年生于苏格兰，他在各个方面都表现出了出众的才华并取得了杰出的成就：制成了数学运算器、天文仪器、蒸汽机的模型。他热衷研究着技术上的新方向——后来得名的工艺学。瓦特成功地发明了完备的蒸汽机，但是关于水，他也许只懂得由水可以制取蒸汽。恰恰由于不受偏见的束缚，瓦特才最先意识到自己的同时代人所进行的实验的意义所在。1783年4月26日，他在给J·波里斯特利的信中写道："难道不应当认为水是由燃素（氢）和非燃素气体（氧）组成的吗？……"

拉瓦锡重新做了主要的实验并领悟了这一发现的重大意义，当即将实验结果上报给了法兰西科学院。在报告中，他对英国学者的研究成果只字不提。结果，拉瓦锡在欧洲大陆上获得了头功，赢得了盛名。围绕发明优先权属于谁的"水之争"从此开始，持续了几十年。瓦特早在1819年去世，到1835年他的发明优先权才得到了最后的确认。

当时，革命的风暴正在震撼着欧洲，1794年5月8日，拉瓦锡这个皇家税务总监被送上了断头台。战争爆发，帝国瓦解，学校和教学计划都重新改组，但除了瓦特的发明外，并没有产生任何新的东西。

其实，水完全不是发明家瓦特所说的那种简单的化合物。事过200多年，人们才逐渐看到，在正常温度下并不存在水的单个分子，虽然可以无可置疑地说水属于流体，但它却具有固定的结构，一定量的H_2O合成了井然有序的浓缩物。水是彼此呈晶型聚合的H_2O集团组成的液体。

要具有一种液体能够溶化"水的晶体"，如同溶化盐和糖那样，人们就可以更细致地研究水，那该多好！然而谁也没有找到这种液体。时至今日科学家们还在猜测着：水的晶体里是由8个还是12个、或者300个单个的H_2O组成？也许是由大的或是小的集团组成？难道水的组成取决于水的温度吗？哪些测定方法令人置信？科学家们相信"精诚所至，金石为开"，水分子的奥秘终有一天会被揭开。为此，他们付出了更多的努力。

1970年，物理化学家鲍里斯·捷利亚金提出了不同以往的"聚合水"的新理论。捷利亚金用石英毛细管冷却水蒸气，实验显得平淡无奇。实验中他似乎觉得自己制得了从未见过的一种新的水。这种水的比重比普通水重40%，在-40℃温度下凝结成玻璃状的冰。科学家们以为聚合水是实验纯度不佳、做法错误出现纰漏的产物。后来，当各国报界对"聚合水"纷纷进行报道的时候，捷利亚金的发现才引起科学界的重视。

理论家们开始感到，电子计算机的运算和某些原理可以证实聚合水的存在。人们又去做实验，竟真有人发现捷利亚金的结论是正确的！水确实存在着一种新的形态。于是，西欧的学术刊物用大量篇幅报道了聚合水。对于聚合水的存在，有人狂热地支持，也有人激烈地反对。

人们凭常识就可以解释聚合水的产生：像塑料中无数单个的分子能够形成聚合物，乙烯的分子能够合成聚乙烯那样，水的分子聚合形成聚合水——道理何其浅显！或者并非如此？

初看起来，科学家们可以通过实验轻而易举地解决这场"简单的"争论，其实并不那么简单。如果准确地按照捷利亚金的方法进行实验，所得结果就与捷利亚金的相同；一旦实验稍有改变，其结果就完全各异，甚至截然相反。人们因此不得不采取了折中的解释：如果水放置在毛细管里，那么就能产生一层特殊的水，具厚度为千分之几毫米，它便是水的特性成因。

1973年夏，来自各国的科学家聚会马尔堡这座规模不大的大学城讨论水的问题。大会学术论文业已安排就绪，会刊又发表了其他学者对新型水的研究成果。不料突然从莫斯科传来消息说，捷利亚金已经放弃自己原来的观点，他以为自己的发现与水的结构可能毫不相干。

为什么会是这样呢？原来，分析化学家罗西友以一种巧妙而又令人信服的方法证明，"聚合水"不过是溶有钠、钾、氯离子和硫酸根的水。捷利亚金可能由此发现自己的聚合水理论犯了一个低级的错误。聚合水之谜也终于解开了。